Rainer Hohberg

Schachtelhälmchen

RAINER HOHBERG

SCHACHTEL HÄLMCHEN

PFLANZENMÄRCHEN
AUS ALLER WELT

VEB POSTREITER-VERLAG
HALLE 1989

Illustrationen von Erika Müller-Pöhl

ISBN 3-7421-0146-3

2. Auflage 1989

Lizenz-Nr. 360-500/80/89
LSV 7518
Gestaltung: Bernd Michael Dehnert
Satz: Druckerei Fortschritt Erfurt
Druck: Druckhaus Weimar
Buchbinderische Weiterverarbeitung:
VOB Buchbinderei Südwest, Leipzig
Bestell-Nr. 788 669 7

00770

SCHARITA AUS DEM WALNUSSBAUM

Es lebte vor Zeiten ein Padischah, der mit glücklicher Hand ein großes Reich regierte. Kein mißgünstiger Nachbar bedrohte mit Waffengeklirr sein Land, weder Dürren noch Überschwemmungen suchten es heim. So hätte der Padischah sein Leben in ungetrübtem Glück verbringen können, wäre da nicht der eine große Kummer gewesen: Obwohl sich der Padischah und seine Frau seit vielen Jahren nach einem Kind sehnten, war dieser Wunsch noch immer nicht in Erfüllung gegangen.

»Wie lange soll ich noch auf einen Nachkommen warten, dem ich dereinst mein Reich vererben kann«, beklagte sich der Padischah wieder und wieder bei seiner

Frau. Und eines Tages sprach er sogar: »Höre, wenn du mir nicht bald ein Kind zur Welt bringst, Knabe oder Mädchen, werde ich mir eine andere Frau suchen.«

Die Frau des Padischah war, wie man sich denken kann, todunglücklich. In ihrer Not lief sie in den Palastgarten, wo auf einem Hügel zwischen Jasminsträuchern und Granatapfelbäumen ihr stiller Lieblingsplatz war.

Hier stand ein riesenhoher Walnußbaum mit mächtiger Krone; er mochte so alt sein, daß Mohammed gewiß schon unter ihm gewandelt war. Und wie immer, wenn schwere Sorgen sie bedrückten, ließ die Frau im Schatten des Baumes ihre Tränen fließen, bis das Herz ihr leichter wurde.

Ihre Tränen waren aber noch nicht getrocknet, als da ein Rauschen und Säuseln durch die Äste ging; wie ein ferner Gesang klang es. Als die Frau des Padischah hinauf in die Krone schaute, um die Herkunft dieses Singens zu ergründen, fiel eine grüne Walnuß herab, und sie fiel geradewegs in ihren Schoß. Aber was war das? Aus der Walnuß war das Weinen eines kleinen Kindes zu vernehmen! Das Herz der Frau wollte fast stillstehen. Sie nahm die Nuß, umschloß sie vorsichtig mit beiden Händen und trug sie rasch in den Palast zu ihrem Gemahl.

Doch was sahen ihre Augen, als sie die Hände einen Spalt weit auseinander nahm! Die Nuß war aufgesprungen, und ein winziges Kind lag auf den Handflächen. Es streckte seine Ärmchen verlangend aus. Ein Mädchen war es, ein Mädchen mit rosiger Haut! Und so klein es auch war, es fehlte ihm nichts, was zu einem Menschen gehörte.

Die Frau des Padischah war überglücklich. Endlich! Endlich hatte sie ein Kind! Sie holte eine Wiege herbei, trocknete die Kindertränen, badete das Kleine und hüllte es schließlich in schneeweiße Handtücher.

Auch das Gesicht des Padischah glänzte zufrieden, als wäre es mit frischem Öl massiert. Nach einiger Zeit jedoch, nachdem er die Herkunft des Kindes wieder und wieder bedacht hatte, sprach er zu seiner Frau: »Da uns Allah dieses Kind geschenkt hat, wollen wir es aufziehen und versorgen, wie es der Tochter eines Padischah gebührt. Aber versprich mir das eine: Keine Menschenseele soll erfahren, daß unsere Prinzessin von einem gewöhnlichen Baum abstammt. Einst wird gewiß der Sohn eines mächtigen Herrschers unsere Tochter zur Frau nehmen wollen. Da wäre es mir peinlich, wenn er erführe, daß wir unsere Prinzessin einem Walnußbaum verdanken.«

Das Herz der Frau war so vom Glück erfüllt, daß sie nicht lange überlegte und sich mit allem einverstanden erklärte. Sie liebte das Kind und zog es auf, wie eine leibliche Mutter es nicht besser vermag. Schon nach wenigen Wochen unterschied sich das Kleine in nichts von einem gewöhnlichen Säugling. Da ließ der Padischah die Geburt des Kindes im ganzen Land verkünden. Groß war allerorts die Freude, man schmückte die Häuser mit Teppichen und Fahnen, auf allen Straßen wurden Feste gefeiert. Die kleine Prinzessin bekam den Namen Scharita, was soviel wie »Nüßlein« bedeutete.

Die Zeit verging, und Prinzessin Scharita wuchs zu einem fröhlichen Mädchen heran. Schon bald reichte sie ihrer Mutter bis zur Schulter. Überall im Land sprach man von ihrer Schönheit und Freundlichkeit, und hinter vorgehaltener Hand erzählte man, daß die Prinzessin mit ihren klugen Fragen den Hauslehrer und auch den Padischah immer häufiger ins Schwitzen bringe.

Sie gehörte wirklich nicht zu jenen Prinzessinnen, die den lieben langen Tag nur vor dem Spiegel standen, sich putzten oder unentwegt am Stickrahmen saßen. O nein, viel lieber tummelte sich Scharita in dem großen Garten, der vom Palast bis hinunter zum Meer reichte. Sie jagte den Schmetterlingen nach, kletterte auf die höchsten Bäume oder pflückte Blumen, die sie zu wundervollen Sträußen band, um sie freigebig dem ersten besten zu schenken, den sie auf der Straße oder im Palast traf.

Auf diese Weise lernte Scharita eines Tages den jungen Gärtner Amidar kennen; er lebte auf der anderen Seite des Parkes in einer windschiefen Hütte. Amidar, völlig verdutzt, wollte den Strauß nicht annehmen, den ihm die Prinzessin überreichte. Aber ihr fröhliches Lachen brach rasch das Eis. Von dieser Stunde an sah man die beiden häufig gemeinsam im Park.

Scharita führte Amidar auch zu dem uralten Walnußbaum am Hügel, ihrem Lieblingsplatz. Jeder Ast dieses Baumes war ihr vertraut. Geschickt kletterte sie hinauf in den sanft schaukelnden Wipfel, von wo man bis in den Hafen schauen konnte; viele bunte Segel blähten sich dort.

Prinzessin Scharita und Amidar liebten diesen Baum

über alles. Nicht so der Padischah, der den Park von seinem Turmzimmerfenster weithin übersehen konnte.

Mit größtem Unbehagen sah er es, wenn die Prinzessin zum kleinen Hügel ging. Und nun, da Scharita ihre Zeit nicht mehr allein, sondern gemeinsam mit dem Gärtner Amidar im Wipfel dieses Baumes verbrachte, nun ließ der Ärger seine Galle vollends überkochen.

»Dieser Baum ist mir ein Dorn im Auge«, sagte er eines Abends zu seiner Gemahlin. »Nicht eher werde ich Ruhe finden, bis auch sein letzter Span zu Asche verbrannt ist.«

»Wie kannst du so reden, mein teurer Gebieter«, entgegnete die Frau besorgt. »Wir verdanken diesem Baum unser ganzes Glück! Müssen wir ihn nicht ehren wie einen Verwandten?«

Wohl hörte der Padischah die mahnenden Worte, doch sein Zorn war größer als seine Vernunft. Schon am nächsten Tag ließ er den alten Walnußbaum fällen und verbrennen.

Für eine Weile fühlte sich der Padischah tatsächlich erleichtert. Es dauerte aber nicht lange, da breitete ein schwerer Kummer seinen Schatten aus. Es war still geworden im Palast, jeder merkte, daß etwas Vertrautes fehlte. Ach ja, seit Tagen hatte niemand das fröhliche Lachen der Prinzessin gehört.

Eine merkwürdige Krankheit hatte das Mädchen befallen. Sie aß und trank wie ein Sperling, redete kaum noch und war so bleich wie eine Jasminblüte. Aber das Seltsamste war: Prinzessin Scharita setzte ihren Fuß nicht mehr in den Garten.

Die königlichen Eltern waren zutiefst bestürzt. Sollte ihr Glück, ein Kind zu haben, nur von kurzer Dauer gewesen sein? Der Padischah besann sich all seiner Macht, um der Tochter zu helfen. Die besten Ärzte aus nah und fern ließ er rufen, auch Magier und Sterndeuter, jeden, der Rang und Namen hatte. Aber umsonst. Die Krankheit der Prinzessin war in keinem Buch beschrieben, und niemand konnte ein wirksames Heilmittel nennen.

Immer stiller und blasser wurde das Mädchen. Wie ein Schatten ging es einher. Nur ab und zu, wenn der Gärtner Amidar in den Palast kam, um frische Blumen in Scharitas Gemächer zu bringen, strahlten die Augen des Mädchens für kurze Zeit wie früher.

Dem Padischah erschien das verdächtig. Er ließ Amidar vor seinen Thron rufen und fragte ihn: »Wie kommt es, daß die Krankheitsblässe immer dann von Scharitas Wangen schwindet, wenn du in ihrer Nähe bist? Worüber sprichst du mit ihr, wenn du ihr deine Blumen bringst?«

»Oh, Herrscher aller Herrscher, Scharita will jedes Mal ein Märchen von mir hören«, antwortete Amidar gehorsam. »Aber es ist sonderbar, sie will keine Geschichten von Drachen, Riesen oder Hexen hören, wie man sie gewöhnlich erzählt, sondern nur Märchen, die von Blumen, Bäumen und ähnlichem Pflanzenwerk berichten. Inzwischen habe ich alle Geschichten erzählt, die ich kenne, ich weiß nicht, was nun werden soll.«

»Wenn dergleichen Geschichten meiner Tochter das Herz erfreuen, dann muß sie unbedingt neue zu hören bekommen«, erwiderte der Padischah.

»Wie wäre es, mein Gebieter, wenn Ihr einige Märchenerzähler in den Palast bitten würdet? Ich habe gehört, manche kennen hundert und mehr Geschichten.«

Sollten Märchenerzähler Scharita heilen können? Der Padischah ging freudig auf Amidars Vorschlag ein. Er sandte Reiter in alle Himmelsrichtungen, ließ sie auf Marktplätzen und in Teestuben, längs der Karawanenstraßen, in Häfen und in fernsten Oasen nach Märchenerzählern für die kranke Scharita suchen. Da reicher Lohn versprochen war, kamen sie auch bald darauf aus allen Winden in den Palast des Padischahs, und alle wurden mit größter Ehrerbietung begrüßt und bewirtet. Dann führte man sie in den größten Saal des Palastes, wo bereits der gesamte Hofstaat versammelt war; ganz hinten im Saal hatte auch Amidar einen Platz gefunden. Der Padischah, seine Gemahlin und die Prinzessin saßen unter einem Baldachin aus Goldbrokat.

Endlich gab der Padischah das Zeichen, er klatschte dreimal in die Hände, und die Märchenerzähler, einer nach dem anderen, trugen ihre Geschichten vor.

Viele Stunden hatten die Stimmen der Erzähler zu Scharitas Freude den Saal erfüllt. Längst waren die Wasserpfeifen erkaltet, die Schälchen mit Näschereien leergegessen.

Da nun also die letzte Geschichte verklungen war, dankte der Padischah und ließ jedem Erzähler zum Abschied ein Geschenk überreichen.

In diesem Moment erschien, wie aus dem Boden gewachsen, ein weißbärtiger Greis im Saal. Gefurcht wie die Rinde eines alten Baumes war sein Gesicht, sein Gewand war von einem groben, grünfarbenen Stoff, wie ihn noch niemand gesehen hatte, aus ebensolchem Stoff sein Turban. Alle im Saal starrten den Alten, der sich auf einen knorrigen Stock stützte, mit großen Augen an, als wäre er eine Erscheinung.

»Warum haben wir deine Stimme noch nicht vernommen, ehrwürdiger Greis«, brach der Padischah schließlich das Schweigen. »Tritt näher, wenn du ein Märchenerzähler bist.«

Der Alte neigte sein Haupt und sprach mit singender Stimme: »O Herr aller Weisheit, auch ich habe deinen Ruf vernommen, aber ich überlegte lange, ob ich meine Geschichte zu Gehör bringen soll. Denn du mußt wissen, daß meinem Märchen der Schluß fehlt; es endet mit einem Rätsel.«

Alle im Saal rückten erwartungsvoll ihre Kissen zurecht, froh, daß sie noch eine weitere Geschichte hören würden.

»Laß hören«, sprach der Padischah. »Bei Allah, es wird uns ein leichtes sein, das Rätsel zu lösen und deinem Märchen ein gutes Ende zu geben.«

Da ließ sich der Alte ächzend auf der flachen Bank nieder, die zu Füßen der Prinzessin stand, und begann zu erzählen: »In fernen Zeiten lebte ein stolzer Padischah, der hatte nur einen einzigen Kummer: Sein Wunsch nach einem Kind wollte und wollte nicht in Erfüllung gehen. Deshalb mußte seine Frau von früh bis spät bittere Klagen über sich ergehen lassen. In ihrer Not lief sie eines Tages in den Garten, wo auf einem kleinen Hügel ein uralter Walnußbaum stand . . .«

Wie man den Alten so erzählen hörte, ging ein Raunen durch den Saal. Schon wollte der Padischah, der sein Geheimnis entdeckt sah, die Hand heben und die Geschichte unterbrechen, aber da fiel sein Blick auf Scharita, die dem Alten hingegeben lauschte. Und um ihr die Freude nicht zu nehmen, ließ er, wenn auch schweren Herzens, den Alten weitersprechen.

Von der wundersamen Geburt einer Prinzessin aus der Nuß und vom Fällen des Nußbaumes erzählte der Alte, von einer schlimmen Krankheit der Prinzessin und daß man Märchenerzähler in den Palast rief. Einer von ihnen wußte Rat, wie die Prinzessin zu heilen sei: Man müsse dem Mädchen eine grüne Nuß von jenem Baume geben, den der Padischah gefällt und verbrannt hatte. – Mit diesem Satz endete die Geschichte des weißbärtigen Alten.

»Ich danke dir«, sprach der Padischah nachdenklich. »Das Rätsel, das du uns aufgegeben hast, scheint schwieriger zu sein, als ich vermutete . . . Wie soll man von einem Baum, der längst gefällt ist, eine grüne Nuß pflücken können?«

»Ich sollte mein Märchen erzählen, weiser Padischah. Das habe ich getan. Ihr aber wolltet das Rätsel lösen. Also möge Euch Allah den Verstand hell erleuchten!« Der Alte erhob sich, verneigte sich tief vor Scharita, und ehe man ein weiteres Wort an ihn richten konnte, hatte er sich wie ein flüchtiger Morgennebel in Nichts aufgelöst.

Man rief nach ihm, suchte ihn – aber vergebens. Da blieb dem Padischah nichts anderes übrig, als die Anwesenden aufzufordern, das Rätsel zu lösen, und schon versanken alle Wesire, Hofbeamten und Offiziere in tiefes Nachdenken. Sie grübelten sich die Köpfe heiß, doch sie fanden nicht einmal den Zipfel einer Lösung.

Da trat Amidar, der Gärtner, aus der hintersten Reihe vor den Padischah und sprach fröhlich: »Mein Herrscher, streiche dir die Sorgenfalten aus der Stirn, sei wieder frohgemut, denn dieses Rätsel ist kein Rätsel mehr. Ich glaube, die Lösung gefunden zu haben, und wenn du sie sehen willst, folge mir in den Garten und bringe auch die liebliche Prinzessin mit.«

Obgleich der Padischah und seine Wesire die Worte des Gärtners bezweifelten, gingen sie doch hinaus in den Garten; Scharita wurde in einer Sänfte getragen.

An seiner Hütte angelangt, sprach Amidar: »Sieh, mein Gebieter, hier ist die Lösung deines Rätsels.« Und er wies auf einen kleinen Walnußbaum, der sieben Blätter trug und eine einzige, noch grüne Nuß.

Der Padischah schüttelte ärgerlich den Kopf. »Willst du mich zum Narren halten?«

»Nein! Natürlich nicht! Höre bitte die Geschichte vom kleinen Walnußbaum. Als du den Befehl gabst, den riesenhohen, uralten Walnußbaum zu fällen, mußte ich an Prinzessin Scharita denken, und es tat mir in der Seele weh, denn ich wußte, wie sehr sie den Baum liebte. Also schnitt ich heimlich drei Zweige ab, steckte sie hier als Andenken in die Erde. Zwei der Zweige verdorrten, dem dritten aber hat Allah Wurzeln und Blätter geschenkt, und er hat eine Nuß daran wachsen lassen, wie du mit eigenen Augen sehen kannst.« Und Amidar ließ sich nicht erst bitten, er pflückte die Nuß, brach mit den

Fingern ihre Schale entzwei und reichte Scharita den schneeweißen Kern.

Kaum hatte die Prinzessin den Nußkern auf die Zunge gelegt, da sahen alle, daß Amidar die Wahrheit gesprochen hatte. Im Handumdrehen nahm Scharitas Gesicht frische Farbe an, sie erblühte wie eine Rose, sie lächelte, ja, sie stieg sogar aus der Sänfte und lief mit raschem Schritt zu Amidar.

Dem Padischah erschien das alles wie ein Wunder des Himmels. Er fiel auf die Knie, dankte Allah mit klangvollen Worten, und seine Frau und sein Hofstaat taten es ihm nach. Amidar aber nahm glückstrahlend Scharitas Hand, und dann gruben beide den kleinen Baum vorsichtig mit allen Wurzeln aus und pflanzten ihn an jene Stelle des Gartens, wo einst ihr alter Lieblingsbaum gestanden hatte.

Dreißig Tage und dreißig Nächte dauerte die Hochzeit von Scharita und Amidar, die kurz darauf gefeiert wurde, und die beiden lebten glücklich und zufrieden bis an ihr Ende. Jener Walnußbaum aber, den sie pflanzten, wächst und grünt noch heute als Zeichen ihres Glücks.

DER GEWITZTE FIEDLER

Einst lebte ein Musikant, der war allzeit vergnügt, und wenn er mit seiner Fiedel aufspielte, wurden auch die Zuhörer fröhlich, sangen und tanzten, was das Zeug hielt. Zum Lohn klingelte mancher Heller in seinem Hut. Doch so schnell unser Fiedler sein Geld verdiente, so schnell brachte er es wieder unter die Leute.

Denn wenn er nicht fiedelte, so aß er nach Herzenslust, wenn er nicht aß, so trank er, und wenn er nicht trank, vergnügte er sich beim Würfelspiel – meist aber tat er alles zugleich. Nun wäre das alles kein Beinbruch gewesen, doch eines Tages verlor er beim Würfeln mehr Geld, als er im Beutel hatte, und so ein Halsabschneider von Gastwirt nahm zum Ausgleich das einzige Wertstück, das er besaß – seine Fiedel. Herrjeh, da hatte der Musikant nichts mehr zu lachen.

Als am anderen Morgen die Sonne aufstieg, verließ er den Unglücksort und ging – na, wohin schon – einfach der Nase nach. Er lief Stunde und Stunde, aber die trüben Gedanken machten ihm die Beine schwer. Wie sollte er nun sein tägliches Brot verdienen? Und zum Brot den Speck? Und zum Speck den Schnaps? Sollte er sich etwa als Ackerknecht verdingen? Wo er nicht einmal Korn von Rüben unterscheiden konnte! Oder als Fuhrknecht? Wo er nicht einmal wußte, was hü und hott bedeuteten. Was also dann?

Endlich kam unserem Musikanten eine Idee, die er passend fand und die seine Schritte rascher werden ließ. »Ach was, ein richtiger Musikant bleibt seinem Handwerk treu«, sagte er zu sich selbst, »und wenn's auch mit dem Teufel zugehen sollte!«

Kaum hatte er diese Worte ausgesprochen, vernahm er hinter seinem Rücken die Schritte eines Hinkenden. »Klapp-trapp«, »klapp-trapp« – die Schritte kamen immer näher. »Klapp-trapp«, »klapp-trapp« – der Fiedler ahnte schon, wer ihm da auf den Fersen war. Und richtig, kurz darauf stand der Teufel neben ihm.

»He, Freundchen, du hast mich gerufen. Also red schon! Wo drückt dich der Schuh?«

Der Fiedler blickte dem schwarzen Kerl ganz fest in die glühenden Augen und sprach: »Dies und jenes ist geschehen. Ich könnte also eine neue Fiedel gebrauchen. Sag bloß, du kannst mir helfen?«

»Und ob ich das kann«, brüstete sich der Teufel.

»Komm nur mit in die Hölle, dort will ich dir eine Fiedel bauen, wie du noch keine gespielt hast, eine richtige Teufelsfiedel.«

»Wenn's so ist – worauf warten wir noch?«

»Na, zuvor mußt du mir versprechen, daß auch du mir etwas geben wirst.«

»Und das wäre?«

»Ein Vierteljahr darfst du mit der Fiedel deiner Wege gehen«, sprach der Teufel. »Wenn diese Frist um ist, hole ich dich, und du mußt mir fortan in der Hölle dienen. Einverstanden?«

Himmel und Hölle! Na, das war ein feiner Handel! Der Fiedler überlegte hin und her, wie er dem Teufel in die Suppe spucken könnte, und schließlich sagte er: »Bester, ein Vierteljahr, das ist zu wenig. Soviel brauche ich allein, um meine Finger an das neue Instrument zu gewöhnen. Weißt du was, hole mich, wenn alle Blätter von den Bäumen gefallen sind.«

Der Teufel sah hinauf zu den Baumwipfeln, die in frischem Frühlingsgrün standen. »Nun gut«, willigte er endlich ein. »Auf einen Monat mehr oder weniger soll's mir nicht ankommen.«

Nachdem die beiden handelseinig geworden waren, begaben sie sich auf den Weg zur Hölle. Unterwegs stießen noch zwei Burschen zu ihnen, die auch ein Geschäft mit dem Hinkenden geschlossen hatten. Zu viert also kamen sie zu dem Baum, an dessen Zweigen statt Äpfel lauter Totenköpfe hingen. Und genau dort war der Eingang zur Hölle.

Der Teufel machte sich sogleich ans Werk, um die

Fiedel zu bauen. Am Abend mußte ihm einer der Burschen mit dem Kienspanlicht die Werkbank beleuchten. Der Teufel werkelte, daß die Späne nur so flogen, und Pausen schien er nicht zu kennen. Mit der Zeit konnte der Bursche die Augen vor Müdigkeit kaum noch aufhalten, und gegen Mitternacht nickte er ein.

»Schlafmütze, willst du mir den Pelz versengen!« schrie der Teufel. Und, grapsch, packte er den armen Burschen und stieß ihn ins Höllenfeuer.

Am nächsten Tag war der andere Bursche an der Reihe. Auch bei ihm war der Schlaf stärker als die Angst vorm Teufel.

»Was schläfst du, Kerl!« schrie der Teufel, und, grapsch, warf er auch ihn ins Feuer.

Nun kam der Fiedler an die Reihe. Der gab sich zwar alle Mühe, doch um Mitternacht übermannte auch ihn die Müdigkeit.

»Was schläfst du, Kerl!« schrie der Teufel.

Der Fiedler war vor Schreck sogleich wieder hellwach. Er sprach: »Ich schlafe nicht, ich denke nur nach.«

»Und worüber denkst du nach?« wollte der Teufel wissen.

»Ich denke, daß es im Wald mehr krumme Kiefern gibt als gerade.«

Der Teufel, mißtrauisch, wie er nun einmal war, stieg aus der Hölle hinauf, um nachzusehen. Nach einer Weile kam er zurück.

»Du hast recht, es gibt tatsächlich mehr krumme als gerade.« Der Fiedler aber hatte in der Zwischenzeit ein

Nickerchen gemacht und hielt es nun aus bis zum Morgen.

Am Abend darauf mußte der Fiedler erneut dem Teufel zu Diensten sein, und wieder nickte er dabei ein.

»Was schläfst du, Kerl!« schrie der Teufel.

»Ich schlafe nicht, ich denke nach!«

»Und was denkst du?«

»Ich denke, daß es im Fluß mehr kleine Fische gibt als große.«

Wieder verließ der Teufel die Hölle, um sich mit eigenen Augen zu überzeugen. Abermals gestand er ein: »Du hast recht, kleine Fische gibt es wirklich mehr als große.«

Auch in der folgenden Nacht mußte der Fiedler den Kienspan halten und – nickte wieder ein.

»Was schläfst du, Kerl!«

»Ich denke nur nach.«

»Und was denkst du heute?«

»Daß es auf Erden gewiß mehr Steine gibt als Sterne am Himmel.«

Der Teufel jagte hinaus, Donner, Blitz und Sintflut – wieder hatte der Fiedler recht.

In dieser Nacht wurde die Fiedel endlich fertig. Der Teufel gab sie dem Musikanten und sprach: »Denke daran, daß es kein gewöhnliches Instrument ist! Denn spielst du auf der ersten Saite, werden alle Zuhörer lustig, ob sie nun wollen oder nicht. Spielst du auf der zweiten, lachen sie wie toll, spielst du aber auf allen drei Saiten, so müssen sie tanzen, bis die Musik verstummt oder bis alle vor Erschöpfung zu Boden fallen.«

Na, das war eine Überraschung für unseren Musikanten! Mit solch einer Fiedel konnte man gewiß sein Glück machen. »Aber vergiß nicht unsere Abmachung!« rief ihm der Teufel hinterdrein. »Wenn die Bäume ohne Blatt sind, gehörst du mir!«

Der Fiedler aber hatte längst das Höllentor hinter sich zugeworfen und zog mit seinem Wunderinstrument rüstigen Schrittes in die Welt hinaus.

Wer weiß, wie lange er gehen mußte. Eines Tages kam er jedenfalls in eine große Stadt am Meer, in welcher der König sein Schloß hatte. Aber seltsam! Als der Fiedler näher an das Königsschloß kam, stellte er fest, daß es mit schwarzen Tüchern verhangen war, ebenso die Häuser der Stadt, und alle Leute gingen schweigend und mit traurig gesenkten Köpfen einher.

Er fragte jeden, dem er begegnete, was der Grund dieser Trauer sei. Aber umsonst, der erste gab ihm ebensowenig Antwort wie der letzte.

»Ei, mir scheint, dies wäre der rechte Ort, meine Fiedel zu probieren«, sagte sich der Musikant. Er ging auf den Markt, wo die Leute mit Leichenbittermienen ihre Waren feilboten. Hier nahm er das Instrument ans Kinn, strich flink über die erste Saite, daß es weithin zu hören war.

Sieh da! All die eingefrorenen Gesichter tauten auf und begannen zu glänzen, als habe man sie mit Butter eingerieben. Nun ließ er auch die zweite Saite erklingen, da hallte das Lachen und Jauchzen von sämtlichen Giebeln. Und als er schließlich auf allen drei Saiten spielte, bewegte sich alles, was Beine hatte, in possierlichen

Tanzschritten über den Markt. Pelzbemützte Kaufleute faßten ihre Fuhrknechte bei den Händen, die Fischweiber wirbelten mit den Kindern herum. Selbst Invaliden warfen ihre Krücken beiseite und hopsten übers Pflaster. War das ein Spaß für unseren Fiedler!

Nicht lange, da schaute der alte König aus seinem Schloß – und erstarrte bei diesem Anblick zur Salzsäule. Was war in die Leute gefahren? Schließlich herrschte doch Trauer in der Stadt am Meer, da ein kriegerischer Nachbarkönig die einzige Prinzessin entführt hatte. Alle Bewohner der Stadt bangten seither um das Leben des wunderschönen Mädchens.

Sofort sandte der König seine Leibwache hinunter zum Markt, damit sie die Ursache des seltsamen Treibens erkunde. Doch was mußten seine Augen sehen! Kaum in dem Trubel angekommen, faßten sich auch die Wachsoldaten bei den Händen und drehten sich im Tanz.

Der König schickte seinen Hofmarschall. Auch der Hofmarschall wurde vom Tanzfieber ergriffen, walzte zu allem Überfluß mit einem Fischweib über dem Platz.

Da blieb dem König nichts anderes übrig, als in die Stiefel zu steigen und selbst nach dem Rechten zu sehen.

Wie nun der Fiedler den durchlauchtigsten Herrscher herbeieilen sah, juckte es ihn gar kräftig in den Fingern, auch ihn ein wenig springen zu lassen. Doch der Anblick des gramgebeugten Alten stimmte ihn um, und er ließ den Fiedelbogen sinken, worauf mit einem Schlag alles wieder in die alte Traurigkeit verfiel.

Der König sah es mit staunenden Augen und stellte

den Fiedler sogleich zur Rede. Als er von der wundersamen Wirkung des Instruments erfahren hatte, hellte sich sein Gesicht auf. Er erzählte von seinem Kummer und sprach: »Du mußt wissen, daß ich nur über eine Handvoll Wachsoldaten verfüge, während mein Feind eine große Heerschar kommandiert. Aber wenn ich es recht überdenke, mein Söhnchen: Mir scheint, daß deine Fiedel mehr wert ist als ein ganzes Heer. Hast du nicht Lust, mit deiner Geige gegen die Räuber der Prinzessin zu ziehen? Wenn es dir gelingen sollte, meine Tochter zu befreien, so will ich sie dir zur Frau geben.«

Solch hübscher Lohn wird einem nicht alle Tage angeboten! Wie man sich denken kann, zauderte der Fiedler nicht lange, sondern zog samt Geige und mit einem kleinen Trupp Wachsoldaten in das Nachbarland, direkt auf die Burg des feindlichen Königs zu. Dieser schickte ihnen gleich sein ganzes Heer entgegen, um ein schnelles Spiel zu haben. Bevor man sich auf Schußweite genähert hatte, trat aber der Fiedler vor und strich seine Geige, alle drei Saiten zugleich.

Das war eine zünftige Melodie! Die fremden Soldaten ließen augenblicklich von ihren Kanonen ab, warfen auch ihre Hellebarden und Schwerter fort, da diese ja beim Tanze störten. Im Handumdrehen hatte sich das Schlachtfeld in einen Tanzanger verwandelt. Die Kriegsleute hopsten und sprangen, bis ihnen die Knie zitterten und die Füße schwollen. Aber der Fiedler hörte nicht eher zu Spielen auf, bis auch der letzte Feind vor Erschöpfung zu Boden gesunken war.

Nun war es ein leichtes, die Prinzessin aus ihrer Gefangenschaft zu befreien, und unser Fiedler konnte sich mit eigenen Augen davon überzeugen, daß sie so schön und liebenswürdig war, wie man sie geschildert hatte – sogar noch etwas schöner. Er nahm sie bei der Hand und führte sie heim ins väterliche Schloß. Der alte König war überglücklich, die Umarmungen wollten gar kein Ende nehmen. Am selben Tage noch wurde die Hochzeit gefeiert, und alle Leute kamen ins Schloß, um dem fröhlichen Paar Glück zu wünschen.

Doch einer war unter den Hochzeitsgästen, der nicht mit guten Wünschen kam. »Klapp-trapp«, klangen seine Schritte auf der Treppe. Und gegen diesen Feind war mit der Fiedel nichts auszurichten.

»Nun, Freund, deine Zeit ist um«, sprach der Teufel und wies mit hämischem Grinsen ins Freie, wo das bunte Laub von den Bäumen fiel.

Die Prinzessin erschrak zu Tode, der Fiedler aber entgegnete seelenruhig: »Nur nicht so hastig, Kamerad. Siehst du die Steineichen dort? Sie tragen ihr Laub noch immer. Also troll dich, du kommst zur unrechten Zeit!«

Der Teufel riß die Augen auf. »Wie auch immer, du entgehst mir nicht! Im Winter sehen wir uns wieder!«

Das junge Paar lebte so lustig miteinander, daß es des Teufels Worte rasch vergaß. Aber kaum umbrauste der erste Wintersturm das Schloß, vernahm man wieder die bekannten Schritte.

»Bist du endlich bereit?« knurrte der Teufel.

»Seit wann ist denn Herr Luzifer kurzsichtig«, sprach lächelnd der Fiedler. »Sieh dich nur um, sind die Eichen etwa schon kahl?«

Kreuzdonner und Hagelschlag! Wie ein Blitz jagte der Teufel hinaus in den Wald, wo der Sturm die Bäume gar mächtig zauste. Aber was mußte er sehen? Zwar waren die Eichblätter längst welk und grau, doch sie hingen noch immer fest an den Zweigen. In ohnmächtiger Wut rüttelte und schüttelte der Teufel die Bäume. Aber es half nichts, er mußte unverrichteter Dinge abziehen.

Kaum war das Eis getaut und der Frühling regte sich, erschien er ein drittes Mal; diesmal war er seiner Sache ganz sicher. So stand er nun in der Tür und winkte dem Fiedler, ihm nachzukommen. Der folgte ihm auch, aber nur, um den Höllensohn zu den Steineichenbäumen zu führen. Und hier verging dem hinkenden Teufel endgültig sein teuflischer Plan.

Denn was war das! Noch immer hielten sich einige der vorjährigen Blätter im Gezweig, doch schon waren die ersten frisch-grünen Blättchen aus den Knospen gebrochen und reckten sich zum Sonnenlicht.

Als der Teufel sah, daß ihn der Fiedler überlistet hatte, raufte er sich das Fell, biß sich vor Wut in den Schwanz und schoß schließlich davon, daß er in der Eile beinahe das ganze Schloß wegfegte.

Der Fiedler aber wurde wegen seines schlauen Kopfes bald darauf zum König des Landes bestimmt. Er war, wie alle Leute erzählten, ein guter König. Regierte er, so tat er es gerecht und weise. Doch wenn er einmal keine Lust zum Regieren hatte, dann nahm er die Fiedel und spielte im Wirtshaus zum Tanz auf.

SCHACHTELHÄLMCHEN

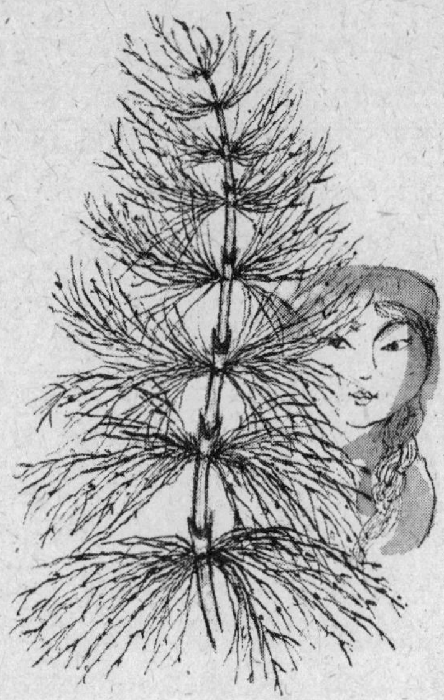

In längst vergangener Zeit, als der Schwanz des Kamels noch die Erde berührte und die Hörner des Steinbocks den Himmel streiften, da wohnte eine kleine alte Frau einsam und allein in ihrer Jurte. Wollte sich die Frau unterhalten, mußte sie mit ihrem schwarzgefleckten Rind reden oder mit der silbern bemoosten Zirbelkiefer hinter der Behausung. Aber was waren das schon für Gespräche! Um so mehr sehnte sie sich nach einem lieben Menschen, der immer in ihrer Nähe war.

Einmal, als sie auf der Weide nach ihrem Rind sehen wollte, entdeckte sie am Wegrand eine schöne Schachtelhalmpflanze. Die hatte sieben Blattquirle übereinander und glich einem winzigen Tannenbaum. Weil sie der

Alten gefiel, zog sie die Pflanze vorsichtig mit allen Würzelchen aus der Erde, trug sie zur Jurte und legte sie dort auf ihr Kopfkissen.

Kaum hatte die alte Frau die Jurte wieder verlassen, hörte sie von drinnen eine wundersame Musik. Es war, als spielte jemand mit Schellen und Glöckchen zu fröhlichem Tanz auf. Rasch trat die Alte wieder in die Jurte. Aber da war alles still, und reglos lag der Schachtelhalm auf dem Kissen.

Einige Zeit später, die Alte molk gerade ihre Kuh, vernahm sie abermals jene fröhliche Musik. Die Frau war so erregt vom Klang der Glöckchen, daß sie den Melkeimer umstieß, als sie zur Jurte eilen wollte. Aber was kümmerte sie die verschüttete Milch jetzt noch! Denn auf ihrer Schlafstatt sah sie ein Mädchen sitzen – ein schöneres hatte die Welt noch nicht gesehen. Wie Edelsteine leuchteten seine Augen, und ein seidiger Zopf fiel dem Mädchen bis über den Gürtel herab. War das ein Anblick!

Es dauerte ein Weilchen, bis die Alte ihre Sprache wiederfand. »Willkommen, du Schachtelhälmchen«, sagte sie freundlich.

Das Mädchen verneigte sich höflich, wobei es die Hände an die Stirn legte. »Hab vielen Dank, daß du mich zum Leben erweckt hast, Mütterchen.«

»Wenn du möchtest, kannst du bei mir wohnen bleiben. Nicht wahr, du magst doch?«

Schachelhälmchen nickte eifrig, und von diesem Tag an lebten die beiden wie Großmutter und Enkelin in bestem Einvernehmen miteinander.

Eines Tages führte die Jagd den jungen Recken Bar-Chara in die Gegend; ein schlohweißes Eichhörnchen hatte seine Jagdleidenschaft entfacht. Er spannte den Bogen und ließ einen Pfeil von der Sehne schnellen. Aber das Eichhörnchen, schneller als der Wind, sprang auf einen Tannenwipfel, von da auf eine Birke und dann weiter auf einen Lärchenbaum.

Bar-Chara folgte ihm unverdrossen vom Morgen bis zum Sonnenuntergang, durch Dickicht und Sumpf, über Berg und Tal, bis er das Eichhörnchen schließlich auf der silbern bemoosten Zirbelkiefer nah bei der Jurte der kleinen alten Frau sah.

Bar-Chara spannte den Bogen – doch wieder verfehlte er sein Ziel, und der Pfeil fiel geradewegs in das Rauchloch der Jurte.

»He, bringt rasch meinen Pfeil heraus«, rief der Jüngling. »Sonst ist das schlohweiße Eichhörnchen über alle Berge.«

Aber nichts rührte sich. Bar-Chara rief nochmals. Keine Antwort. Ärgerlich sprang er vom Pferd und betrat die Jurte.

Als sich seine Augen an das Dämmerlicht gewöhnt hatten, sah er die Alte und neben ihr Schachtelhälmchen sitzen. Da vergaß er seinen Pfeil, vergaß das schlohweiße Eichhörnchen, ja, für eine Weile vergaß er sogar das Atmen. Starr wie ein Pfahl stand er da. War es ein Traum? War es Wirklichkeit? Diese Augen, die wie Edelsteine glänzten, der lächelnde Mund, der einem roten Schmetterling glich . . .

Ohne ein Wort zu sagen, stand Bar-Chara am Eingang der Jurte. Dann lief er davon, sprang auf sein Pferd und ritt in Windeseile nach Hause.

»Vater! Mutter! Rasch, sendet Brautwerber zur Jurte bei der silbern bemoosten Zirbelkiefer«, sprach er zu seinen Eltern. »Dort wohnt bei der kleinen alten Frau ein Mädchen, wie ich noch keines gesehen habe. Wenn es den Mund öffnet, fallen gewiß Perlen heraus. Und prächtige Hermeline werden dort aus der Erde springen, wo das Mädchen seinen Fuß hinsetzt. Gebt, was man für das Mädchen verlangen wird, denn ohne es kann ich niemals glücklich sein.«

Die Eltern taten, wie es Bar-Chara verlangte. Sieben prächtig gescheckte Hengste wurden gesattelt, sieben ehrwürdige Männer als Brautwerber bestimmt. Unverzüglich begaben sie sich auf den Weg.

Wie es die Sitte gebot, gingen die Brautwerber zu der kleinen alten Frau und hielten um Schachtelhälmchens Hand an. Bei dem Gedanken, daß das Mädchen nun bald ihre Jurte verlassen würde, wurde der Alten schwer ums Herz. Doch Bar-Chara war ihr kein Unbekannter, und da alle Welt nur gut von ihm sprach, sagte sie endlich: »So sei es denn! Wenn es auch Schachtelhälmchens Wunsch ist, so mag Bar-Chara es zur Frau nehmen.«

Das Mädchen zögerte nicht lange, denn der Recke hatte ihm auf den ersten Blick gefallen. »Treibt als Brautgeld so viele Rinder und Pferde her, daß sie sich in der Koppel drängen, damit es meinem Großmütterchen an nichts fehle«, sagte es.

Sogleich brachen die Männer auf, um das Geforderte herbeizuschaffen. Die Alte öffnete inzwischen ihre hölzerne Truhe, in der sie ein perlenbesticktes Hochzeitsgewand wußte, und kleidete es Schachtelhälmchen an. Dann kam Bar-Chara auf seinem Pferd geritten. Am Zaum führte er einen Schimmel mit goldenem Sattel, darauf hob er Schachtelhälmchen. Schön wie ein Königspaar sahen die beiden nun aus. So jagten sie in munterem Trab der großen weißen Jurte entgegen, in der die Hochzeit gefeiert werden sollte.

Sie waren noch ein gutes Stück von ihrem Ziel entfernt, als eine eisgraue Füchsin ihren Weg kreuzte. Bar-Chara sah das Tier, und gleich war seine Jagdleidenschaft erwacht.

»Mit diesem Fell will ich unsere Jurte schmücken«, rief er aus. »Reite du schon weiter, ich werde dich bald eingeholt haben. Doch achte auf den Weg, liebes Schachtelhälmchen. Bald wird sich der Pfad gabeln, nach der einen Seite weist ein Zobelfell, nach der anderen das Fell eines Bären. Folge keinesfalls dem Weg mit dem Bärenfell!« So sprach Bar-Chara, dann jagte er der eisgrauen Füchsin nach. – Er ritt und ritt, aber die Spur, die er verfolgte, führte ihn ins Leere.

Indessen warf die eisgraue Füchsin ihr Fell ab, denn in Wirklichkeit war sie eine bösartige Hexe, eine Dschelbege, die nichts weiter im Sinn hatte, als Schachtelhälmchen in ihre Gewalt zu bringen. Deshalb vertauschte sie an der Weggabelung die Felle. So kam es, daß Schachtelhälmchen auf dem Bärenweg ritt, der sie zur Eisernen Jurte der Dschelbege führte.

»Komm zu mir, mein Vögelchen«, krächzte die böse Hexe. »Schon lange halte ich Ausschau nach dir!«

O Schreck, welch grausiger Anblick! Das Ungeheuer von Hexe hatte nur ein Bein, nur eine Hand, nur eine Brust und nur ein Auge. Aus seinem Mund hing eine schwarze Zunge, die bis zum Bauch reichte!

Ehe sich Schachtelhälmchen von diesem Schreck erholt hatte, zog die Dschelbege sie vom Pferd und riß ihr das schöne Hochzeitsgewand vom Leib. Auch nahm sie Schachtelhälmchens Gesicht. Dann warf sie das Mädchen den grauen Hunden vor, und die fraßen gierig. Ein kleiner Finger nur blieb von Schachtelhälmchen übrig. Dieser Finger fiel in den Bach und verwandelte sich in einen grünen Fisch, der eilig davonschwamm. Die Hexe aber zog das perlenbestickte Gewand an und streifte Schachtelhälmchens Gesicht über. Dann schwang sie sich in des Schimmels goldenen Sattel und ritt zum Zobelpfad, wo Bar-Chara sie wenig später einholte.

»Warum siehst du so schlecht aus? Hast du dich gefürchtet?« wollte der junge Recke wissen.

»Wie sollte ich mich nicht fürchten, wenn du mich allein durch den Wald reiten läßt«, entgegnete die Dschelbege mit verstellter Stimme.

Da gab sich der Mann zufrieden, und sie ritten zusammen weiter.

Vor der großen weißen Jurte hatten sich schon alle Anverwandten eingefunden, um das Brautpaar zu begrüßen. Der Weg zur Jurte war mit grünem Gras bestreut, und alle freuten sich auf den Anblick des schönen Mädchens.

»Paßt gut auf«, sprachen die Frauen. »Schön wie der Himmel ist Bar-Charas Braut. Weiße Perlen werden ihr

aus dem Mund fallen, wenn sie zu reden beginnt.« Und alle Frauen und Mädchen hielten Schnüre bereit, um die Perlen aufzufädeln. »Und wo die Braut ihren Fuß hinsetzt, werden prächtige Hermeline aus der Erde springen«, sagten die Männer. Und sie hatten Bogen und Pfeil zur Hand, um die Hermeline zu erlegen.

Da kam das Brautpaar endlich angeritten. Zwei Mädchen halfen der Braut aus dem Sattel, zwei Burschen banden ihr Pferd an.

Doch kaum öffnete die Braut den Mund, da fielen statt Perlen zappelnde Kröten heraus, und wo sie hintrat, sprangen Ratten und Mäuse über den Weg.

Große Verwunderung ging durch die Reihe der Verwandten, und die Eltern wiegten vor Schreck den Kopf. Doch was sollte man dazu sagen? Schließlich hatte sich Bar-Chara gerade dieses Mädchen ausgewählt.

So begann das Hochzeitsfest, man schmauste und trank und war guter Dinge. Drei Tage dauerte das Fest, und am Ende hatten sich alle an die seltsame Braut gewöhnt.

Unterdessen durchquerte der grüne Fisch viele Gewässer, um in Bar-Charas Nähe zu gelangen. Wohin der junge Recke seine Pferde auch zum Tränken führte, überall tauchte der Fisch auf. Er sprang in die Luft, schüttelte sich und ließ sich platschend wieder ins Wasser fallen. – Die Pferde erschraken davon jedesmal so arg, daß sie wild davonpreschten und nur mit Mühe wieder an die Wasserstellen zu bringen waren.

Bar-Chara wunderte sich über den seltsamen Fisch und erzählte auch seiner Frau davon. Da kam in der Dschelbege ein Verdacht auf, und sie schickte einen Fischer aus, damit er den Fisch fange. Kaum hatte er ihr das Tier gebracht, warf sie es in siedendes Wasser und kochte es. Dann verspeiste sie es sogleich. Um ganz sicher zu gehen, warf sie anschließend Kopf, Schwanz und sämtliche Gräten ins Feuer. Den Kopf des Fisches stahl jedoch ein Hund; er trug ihn hinaus und verscharrte ihn, wie es Hunde manchmal tun, in der Erde.

Da wuchs über Nacht aus dem Fischkopf ein hoher Baum, der sah aus wie ein riesengroßer Schachtelhalm. Ob nun der Wind ging oder nicht, der Baum schüttelte immerzu seine Äste und ächzte so gewaltig, daß die Rinder und Pferde aufgeschreckt durcheinanderliefen und die Hirten ihre Not mit ihnen hatten.

Da sprach die verkleidete Dschelbege zu den Hirten: »Fällt diesen Baum! Grabt auch die Wurzeln aus! Verbrennt alles! Kein Spänlein darf übrigbleiben.«

Die Hirten taten, wie ihnen befohlen war. Ein einziges Spänlein nur entging dem Feuer, da der Wind es davongewirbelt hatte. Weit trieb es über Wald und Steppe, bis es endlich bei der silbern bemoosten Zirbelkiefer zu Boden fiel. Dort fand es die kleine alte Frau und nahm es zum Feuermachen mit in ihre Jurte.

Tags darauf ging die Alte schon in aller Frühe hinaus zu ihren Tieren, und erst am Abend kehrte sie müde zurück. Aber da wollte sie ihren Augen kaum trauen. Die Jurte war ausgefegt, alles war frisch und sauber. Auf der Feuerstelle kochte bereits das Essen, der Tee war frisch gebrüht und verbreitete seinen lieblichen Duft.

Erst als sich die kleine alte Frau kräftig in den Arm gekniffen hatte, war sie gewiß, daß kein Traumbild sie narrte. Aber wer konnte da am Werk gewesen sein?

An Geister und Gespenster dachte die Frau zuerst, sie wagte deshalb nicht, das Essen und den Tee anzurühren. Ja, ihre Furcht war so groß, daß sie aus der Jurte laufen wollte. Doch da vernahm sie eine Stimme, die ihr vertraut war.

»Fürchte dich nicht, Mütterchen«, sagte die Stimme. »Ich bin es, dein Schachtelhälmchen!«

»Weshalb erschreckst du mich, mein Kind? Zeige dich, daß ich es auch glauben kann!«

»Du mußt dich mit meiner Stimme begnügen, Mütterchen«, antwortete das Mädchen seufzend und erzählte, was ihm widerfahren war. Als die Alte von dem traurigen Schicksal des Mädchens hörte, und daß es nun unsichtbar einhergehen mußte, weinte sie bittere Tränen.

»Was gäbe ich darum, dein liebes Gesicht zu sehen. Sprich, wie kann ich dir helfen, daß wir die böse Dschelbege überwinden und du deine Gestalt zurückerhälst?«

»Vor allem ist große Vorsicht geboten, denn die Dschelbege ist überaus grausam und listig«, erwiderte Schachtelhälmchen.

»Verrate niemandem, daß ich am Leben bin. Wenn du mir überdies helfen willst, bringe mir feine Wolle in allen Farben des Regenbogens. Du wirst bald sehen, was ich damit bezwecken will.«

Am folgenden Tag kaufte die Alte eine großen Berg feiner Wolle ein, alle Farben, die feilgeboten wurden. Kaum hatte sie sich abends zu Bett gelegt, beobachtete sie, wie unsichtbare Hände ein Licht entzündeten und dann mit der Wolle zu hantieren bagannen. Darüber schlief die Frau ein. Als sie am Morgen erwachte, lag in der Jurte ein Teppich, an dessen Schönheit sie sich gar nicht sattsehen konnte.

»Nimm diesen Teppich und verkaufe ihn«, vernahm sie Schachtelhälmchens Stimme. »Vom Erlös aber bringe Wolle mit, mehr noch als gestern.«

Nacht für Nacht knüpfte Schachtelhälmchen nun Teppiche, einen schöner als den anderen, und die Alte verkaufte sie auf den Jurtenplätzen der Umgebung. Nicht lange, da redete alle Welt von diesen Kunstwerken. Die Nachricht von ihnen drang auch zu Bar-Charas Ohren, und da er ein großer Freund prächtiger Teppiche war, ersuchte er die kleine alte Frau, auch ihm ein solches Prachtstück zu verkaufen.

»Warte ein Weilchen«, gab ihm die Alte Bescheid, »denn du sollst den schönsten Teppich bekommen.«

In den folgenden Nächten arbeitete Schachtelhälmchen noch emsiger als zuvor, und sie knüpfte in den Teppich ihr ganzes Schicksal hinein: ihre Geburt aus dem Schachtelhalm, Bar-Charas Liebe, die Untat der Hexe, die Verwandlungen . . . So fügte sich Bild an Bild zu einem Teppich von nie gesehener Schönheit.

Als das Werk vollendet war, trug es die Alte zu Bar-Charas Wohnplatz. Vor der Jurte lauerte die verkleidete Dschelbege und fragte mißtrauisch nach ihrem Begehren. Aber das Mütterchen rief rasch den jungen Recken herbei. Auch andere Leute kamen, um das Prachtstück zu bestaunen.

»Nun sieh selbst, ob ich dir zuviel versprochen habe«, sprach die Alte und entrollte den Teppich. Bar-Chara war wie geblendet. Erst sah er nur die herrlichen Farben, dann die kunstvollen Muster, und endlich entdeckte er auch den Sinn der Bilder, die Schachtelhälmchen in den Teppich geknüpft hatte.

Wie Schuppen fiel es ihm von den Augen. Er sah ein Rätsel und zugleich des Rätsels Lösung.

Die Dschelbege verfärbte sich beim Anblick des Teppichs, sie wurde blau und grün im Gesicht. Schon war sie zum Ausgang der Jurte geschlichen. Aber Bar-Chara stellte sich ihr in den Weg. Er riß ihr das Kleid herunter, nahm ihr auch das falsche Gesicht. Und wahrhaftig! Jetzt sahen alle das häßliche Ungeheuer, und ihr Zorn kannte keine Grenzen. Sie banden die Dschelbege an den Schweif eines wilden Pferdes, das sie unter lautem Geschrei in die weite Steppe jagten.

So ereilte die tückische Dschelbege ihre gerechte Strafe.

Zur selben Zeit konnte man aus der Jurte bei der silbern bemoosten Zirbelkiefer den fröhlichen Klang von Schellen und Glöckchen hören. Schachtelhälmchen tanzte vor Freude, denn eben hatte es seine Gestalt zurückerhalten, und es war noch schöner als zuvor.

Wer vermag sein Glück zu beschreiben, als wenig später Bar-Chara erschien und das Mädchen auf das Pferd mit dem goldenen Sattel hob!

Wie ein übermütiger Frühlingswind galoppierten die beiden dahin, ritten zur großen weißen Jurte, um endlich ihr Hochzeitsfest zu feiern.

Viele Gäste warteten am Jurtenplatz.

Zwei schöne Burschen banden den Schimmel an, zwei

Mädchen halfen Schachtelhälmchen aus dem Sattel. Der Weg zur Jurte war mit grünem Gras bestreut.

Kaum hatte die Braut den ersten Schritt getan, da sprangen tatsächlich Hermeline mit seidigem Fell über den Weg. So viele Hermeline! Die Pfeile der Männer reichten nicht aus, alle zu erlegen.

Kaum hatte Schachtelhälmchen das erste Wort gesprochen, regneten Perlen herab, die blinkten und leuchteten. Mehr Perlen, als die Frauen aufzufädeln vermochten.

Da riefen alle: »Ja, Bar-Chara, das ist die richtige Braut!«

Schachtelhälmchen zündete mit drei Lärchenwipfeln das Herdfeuer an. Nun konnte das Hochzeitsfest beginnen.

Gäste von überallher strömten herbei. Die kleine alte Frau hatte einen Ehrenplatz direkt neben dem Brautpaar. Man trank und schmauste, daß den Männern der Branntwein aus den Bärten tropfte und den Frauen das Fett von den Fingern lief. Sänger und Ringkämpfer sorgten für Kurzweil, denn das Fest dauerte eine Woche lang.

So begann für Schachtelhälmchen und Bar-Chara ein Leben in Glück, von dem ihre Enkel noch heute erzählen.

DIE ROGGENKOGGE

Wenn du am Strand der See spazierengehst, kann es sein, daß du eine seltsame Pflanze entdeckst. Auf den ersten Blick ähnelt sie dem Roggen, der uns das Brotgetreide schenkt. Betrachtest du die unauffällige Pflanze aber näher, wirst du bemerken, daß in ihren Ähren die festen Roggenkörner fehlen. Darüber wird folgende Geschichte erzählt.

Vor etlichen Jahrhunderten, als man die Meere noch mit hochbordigen Koggen befuhr, soll die westfriesische Stadt Staveren eine überaus reiche und prachtvolle Handelsstadt gewesen sein. Schwerbeladene Schiffe aus vielen Himmelsrichtungen liefen den Hafen an. Edle Pelze, Teppiche, Bernstein, Gold und Silber wechselten hier ihre Besitzer, aber auch Salz, Fisch, Leinwand und Getreide.

Von diesen Geschäften zog man in Staveren großen Gewinn; die Schiffsherren und Kaufleute wurden von Jahr zu Jahr wohlhabender, aber mit dem Reichtum wuchsen Stolz und Verschwendungssucht immer mehr an. Bald war man nicht mehr zufrieden, sich mit goldenen Ringen und Geschmeiden zu schmücken, sondern ließ auch die Türen und Dächer der Häuser mit Gold beschlagen. Das Brot wurde nicht mehr gegessen, sondern nur noch dazu benutzt, sich während der Mahlzeiten die fetttriefenden Finger abzuwischen. Und Milch und weißer Wein dienten den Frauen als Badewasser. So kam es, daß man die reichen Bewohner dieser Stadt an der Nordseeküste »die verwöhnten Kinder von Staveren« nannte.

In dieser Stadt wohnte ein Witwe, die zahlreiche Koggen besaß und in allen wichtigen Seehäfen eigene Handelshäuser unterhielt. So groß wie der Besitz waren aber auch Hochmut, Geiz und Hartherzigkeit dieser Frau. Tag und Nacht nagte die Unzufriedenheit an ihrem Herz und verlangte nach immer größerem Reichtum.

Eines Tages rief sie ihren Schiffsmeister zu sich und sprach: »Ich will, daß du unverzüglich in See stichst. Besuche alle berühmten Handelsplätze der Küste und schaue dich um, was feilgeboten wird. Das Kostbarste sollst du mir bringen!«

Der Schiffer verneigte sich, ließ einen von den schnellen Lastenseglern startklar machen, dann vertraute er sich dem Meer und den Winden an.

In vielen Häfen legte der Schiffsmeister mit seiner Kogge an, seine Augen sahen Kostbarkeiten in Hülle und Fülle. Das Kostbarste, für das er sich nach langem Überlegen endlich entschied, war der wundervolle Roggen, den man in Danzig zum Kauf anbot. Er ließ die Kogge mit dem goldgelben Brotgetreide beladen und kehrte wohlbehalten nach Staveren zurück. Im Hafen angekommen, füllte er einen Scheffel mit Korn und trat in das Haus seiner Gebieterin.

»Edle Herrin, ich bringe Euch das schönste Brotgetreide, das man je gesehen hat. Schaut nur, wie fest seine Körner sind. Welch herrliches Mehl wird man daraus gewinnen! Welch köstliches Brot!«

»Wie, das soll das Kostbarste sein, das du auf dieser langen Reise gefunden hast?« schrie zornerfüllt die reiche Witwe. Sie nahm den Scheffel und kippte dem Schiffsmeister den Roggen vor die Füße.

»Und von welcher Seite hast du das Korn ins Schiff geladen?«

»Von Backbord«, antwortete der Schiffer.

»Wenn du es von Backbord geladen hast«, befahl die Frau, »so wirf es sofort von Steuerbord ins Meer!«

Als der Mann diesen widersinnigen Befehl vernommen hatte, verfärbte sich sein Gesicht. Er wollte seine Stimme gegen die Witwe erheben, damit sie ihren Befehl zurücknähme. Aber der Schiffsmeister wußte zu gut, wie hart ihr Herz war und besann sich deshalb eines Besseren. Heimlich ließ er die Armen und Bedürftigen, von denen es in der reichen Stadt mehr als genug gab, in den Hafen rufen. Denn anstatt den Roggen ins Meer zu wer-

fen, wollte er ihn unter denen verteilen, die ihn am dringendsten brauchten.

Bevor er jedoch seinen Plan verwirklichen konnte, war er schon der reichen Witwe zugetragen worden. Zornbebend eilte sie zum Hafen. Die Armen fielen vor ihr auf die Knie und flehten sie an. Aber umsonst, die hartherzige Frau änderte ihren Vorsatz nicht und gab den Schiffsknechten nun selbst Befehl.

Als der Schiffsmeister sah, wie der Roggen ins Meer geschaufelt wurde, konnte er seinen Zorn nicht länger verbergen. »Oh, Herrin«, rief er aufgebracht, »wenn es eine Gerechtigkeit gibt, wird der Tag kommen, an dem Ihr diese Körner herbeisehnt, damit sie Euren Hunger stillen!«

»Du Narr!« höhnte die Witwe. »Ich sollte je arm sein? Eher werden meine Augen diesen Ring wieder erblikken.« Bei diesen Worten zog sie einen goldenen Ring mit rotem Stein vom Finger und warf ihn in hohem Bogen hinaus ins Meer.

Die Wochen vergingen. Manch armer Schlucker versuchte immer noch, freilich umsonst, den wertvollen Schmuck aus dem Meer zu fischen. Da brachte die Küchenmagd der Witwe vom Markt einen stattlichen Schellfisch, der zum Mittagsmahl bereitet werden sollte. Als sie den Fisch aufschnitt, fand sie in seinem Inneren einen goldenen Ring mit rotem Stein, betrachtete ihn staunend und fassungslos und brachte ihn dann ihrer Herrin. Die Witwe erschrak heftig, als sie den Ring erkannte, doch noch immer höhnte und spottete sie. Als man ihr aber am selben Tag die Nachricht brachte, daß ein ganzer Zug ihrer wertvollsten Schiffe in den südlichen Meeren von Piraten überfallen, ausgeraubt und vernichtet worden sei, wurde sie still und kleinlaut. Eine düstere Vorahnung stellte sich bei ihr ein.

In der folgenden Zeit verging kaum eine Woche, in der nicht neue Schreckensbotschaften das Haus der Witwe erreichten. Ihre Flotte, ein Schiff nach dem anderen, trieb in den Untergang, aber auch ihre Handelshäuser warfen keine Gewinne mehr ab, die Schuldenlast wurde immer größer, so groß, daß die Frau am Ende sogar ihr Haus verlassen mußte. Bettelnd zog sie nun durch die Straßen, aber nur wenige hatten Mitleid mit ihr.

Auch von Staveren, der einst so prächtigen Stadt, hatte das Glück seine Hand genommen. An der Stelle, an der man den Roggen ins Meer geworfen hatte, wuchs eine Sandbank aus dem Wasser, und mit jedem Wellenschlag wurde sie höher, so daß schon bald keine Schiffe mehr in den Hafen einlaufen konnten. Der Handel kam zum Erliegen, die Stadt verödete, die Häuser verfielen. Eine Sturmflut, die mehr als die Hälfte aller Straßen und Häuser vom Erdboden verschwinden ließ, tat ein übriges.

Am Strand aber, bei jener Sandbank, sproß der Roggen. Blaugrüne Halme wuchsen empor, ihre Ähren waren jedoch ohne Körner.

Strandroggen nennt man diese Graspflanze, die heute an vielen Küstenstrichen zu finden ist.

WIE DIE INDIANER DIE HEILKRÄUTER KENNENLERNTEN

In grauer Vorzeit, so wird erzählt, hatten die Indianer die Kunst der Jagd auf Büffel, Hirsch und all das andere Getier noch nicht erlernt. Stattdessen war es umgekehrt: Die Tiere jagten die Indianer, und dies war für alle Stämme der Indianer eine schlimme Zeit.

Spitz waren die Hörner des Büffels und seine Hufe hart wie Stein. Wenn er mit gesenktem Schädel wutschnaubend auf die Wigwams der Indianer zustampfte, war nur selten Rettung möglich. Flohen die Leute in die Wälder, lauerte ihnen dort der wilde Bär auf. Und liefen sie zum Fluß, erwartete sie mit gierig geöffnetem Rachen das vielzahnige Krokodil.

Aber nicht alle Tiere beteiligten sich an der Jagd. Das

Erdhörnchen wagte sogar, ein gutes Wort für die Menschen einzulegen. Deshalb stürzten sich alle auf das kleine Tier und richteten es böse zu. Die Streifen, die noch heute auf seinem Rücken zu sehen sind, rühren von dieser Keilerei her.

Einige Tiere taten sich bei der Jagd besonders hervor, allen voran die Klapperschlange und die schwarzbeinige Stechfliege. Der gefährlichste Jäger war indes der Hase. Da er weder über starke Krallen noch über einen gefährlichen Giftzahn oder ein scharfes Gebiß verfügte, hatte er Pfeil und Bogen erfunden. Vor dieser Waffe waren die Menschen nirgends sicher.

Die Indianer besaßen nichts als ihre bloßen Hände, um sich zur Wehr zu setzen. Aber damit konnten sie nicht viel ausrichten. Immer kleiner wurde ihre Zahl. Immer weniger Wigwams waren am Rande der Prärie zu sehen. Wahrscheinlich wäre am Ende das ganze Menschengeschlecht vom Erdboden verschwunden, wenn nicht zu guter Letzt der junge Indianer Biberherz das Blatt gewendet hätte.

Biberherz durchstreifte als Kundschafter tagtäglich die Gegend, in der sein Stamm siedelte. Lautlos schlich er auf weichen Mokassins an die Behausungen der Tiere, um deren Pläne zu erkunden. So konnte er seine Leute oft vor den Überfällen der Vierbeiner warnen.

Eines Tages sah Biberherz hinter einem Gebüsch am Rande des Ahornwäldchens dicke Rauchwolken aufsteigen, augenblicklich war seine Neugier geweckt. Geschmeidig und leise wie eine Schlange, näherte er sich dem Gebüsch. Es war der Hase, der vor seiner Hütte saß und genüßlich die Tabakspfeife rauchte. Und siehe, Pfeil und Bogen, die gefürchtete Waffe, hatte er achtlos ins Gras geworfen.

Biberherz kauerte reglos hinter einem Baum, während die Abenddämmerung aus dem Dickicht stieg. Er beobachtete, wie die Pfeife erlosch und dem Hasen der Kopf auf die Brust fiel. Lautes Schnarchen verriet, daß der berühmte Jäger eingeschlafen war.

Im Schutze der Dunkelheit näherte sich Biberherz auf leisen Sohlen der Hütte, nahm den Bogen samt Pfeilen und verschwand so unauffällig, wie er gekommen war. Mit dieser Beute wurde Biberherz im Lager der Indianer freudig begrüßt. Staunend betrachtete man die Waffe und fand heraus, daß sie unschwer nachzubauen wäre.

Nicht lange, da hatten sich die Indianer mit Pfeil und Bogen ausgerüstet, und da ihre Hände viel geschickter waren als die Pfoten des Hasen, schossen sie so treffsicher, wie es die Tiere nicht einmal erträumt hatten. Jetzt konnte niemand mehr wagen, die Indianer ungestraft zu überfallen. Nun waren sie es, die auf Jagd gingen, um sich mit Essen und Kleidung zu versorgen.

Als der große Büffel und seine Freunde bemerkten, was geschehen war, gerieten sie in maßlosen Zorn. Sie versammelten sich in der Felsenschlucht, und gemeinsam sannen sie auf Rache. Viele Vorschläge wurden unterbreitet, aber keiner fand ihre Zustimmung. Es wurde schon Abend, da meldete sich die schwarzbeinige Stechfliege zu Wort: »Tse, tse, was haltet ihr davon, wenn wir unsere Schutzgeister bitten, den Menschen Krankheiten zu schicken, an denen sie zugrunde gehen?«

»Krankheiten? Ja, das ist die Lösung!« ging ein begeistertes Geschrei durch die Runde der Tiere. Gleich rief jeder Anwesende seinen Schutzgeist an und nannte ihm eine Krankheit. So kam es, daß die Dörfer der Indianer über Nacht von großem Leid heimgesucht wurden.

Laut tönte das Jammern und Wehklagen. Kein Wigwam, in dem nicht wenigstens ein Kranker auf der Matte lag, und viele Indianer sahen die Sonne zum letzten Male untergehen. Bald war niemand mehr in der Lage, die notwendigsten Lebensmittel herbeizuschaffen und die Kranken zu pflegen.

Auch der tapfere Biberherz lag am Boden. Sein Kopf glühte, und seine Händc zitterten im Fieber. In dieser Zeit sandte ihm der große Manitu einen Traum.

Endlos war der Nebel, den Biberherz durchwanderte. Aber die Sonne stieg höher, und er fand sich auf einem blütenübersäten Hügel wieder, den er nie zuvor gesehen hatte. Aus weiter Ferne tönte Gesang, der langsam näher kam.

Als sich der Dunst lichtete, sah Biberherz zwölf seltsame Gestalten auf sich zukommen, fremde Indianerfrauen, wie es ihm schien. Zierlich und klein die einen, andere kräftig, wie ausgewachsene Eschen, manche jung, die nächsten gebeugt von der Last des Alters. Ihre Gesichter waren bemalt, und vielerlei Blüten zierten ihr Haar.

»Wer seid ihr?« fragte Biberherz, als die Frauen vor ihm standen und ihr Gesang verklungen war.

»Schau uns nur richtig an, mein Sohn«, sprach die Älteste.

»Seit dein Fuß Prärie und Wald betreten hat, bist du uns unzählige Mal begegnet.«

Wie verzaubert fühlte sich der Indianer, als er nun sah, daß die Gestalten gar keine Frauen, sondern Bäume, Kräuter und Sträucher waren, die sich leichtfüßig wie Menschen bewegten.

»Von der Sonne haben wir Pflanzen vernommen, was der große Büffel euch Menschen angetan hat, die wir wie Brüder lieben. Lange haben wir nachgedacht, was wir für eure Rettung tun können. Uns hat man als Gesandte ausgeschickt, um euch dieses Geschenk zu überreichen.«

Bei diesen Worten reichte die Älteste dem jungen Biberherz ein winziges Beutelchen aus gelbem Hirschleder, das mit einem langen Halsband versehen war. Biberherz dankte und band das Beutelchen vor seine Brust. Dann sah er, wie die Gestalten singend davongingen, im Dunst verschwanden, und er fühlte sich erleichtert und glücklich im Traum.

Als Biberherz erwachte, war das Fieber aus seinem Körper gewichen. Groß war sein Erstaunen, als er auf der Brust das hirschlederne Beutelchen fand, von dem er doch nur geträumt zu haben glaubte.

Erwartungsvoll erhob er sich vom Lager und ging hinaus ins Freie. Kaum hatte er sich dem alten Ahornbaum genähert, vernahm er dessen freundliche Stimme, und auch die anderen Pflanzen, die ringsum wuchsen, redeten ihn an. Das war der Zauber des Beutelchens. Jede Pflanze erbot seine Hilfe und schenkte ihm Medizin: ein paar Blüten, eine Handvoll Blätter, ein Wurzelstück. Gegen jede Krankheit wußten die Pflanzen ein Mittel.

Als Biberherz am Abend zurückkehrte, schwirrte ihm der Kopf von alldem, was er erfahren hatte, und er war beladen mit vielerlei Medizin. Sogleich eilte er von Zelt zu Zelt, um seine kranken Brüder zu heilen. Für den einen Stammesbruder kochte er einen Sud, dem anderen bereitete er eine Salbe, den dritten heilte er mit einem guten Wort.

Auf diese Weise rettete Biberherz viele Menschen vor dem Tod, und er wurde der erste Medizinmann seines Stammes.

Als er in hohem Alter starb, schenkte er das hirschlederne Beutelchen einem jungen Indianer – und mit ihm sein Wissen um die Geheimnisse der heilenden Pflanzen.

DAS MAISMÄDCHEN

Abend für Abend saß Maira vor ihrer Grashütte und schaute zum Himmel. Während die anderen Indianer längst schliefen, blickte das Mädchen empor zu den flimmernden Sternen, zu den fliegenden Sternschnuppen, zu dem runden, vollen Mond, und seine Augen wurden nicht müde davon. Das wunderte selbst den Palmbaum neben der Hütte und die Steine zu seinen Füßen.

»Du wirst dir die Augen verderben«, säuselte die Palme. »Was suchst du eigentlich da oben?«

»Willst du den Mondhasen entdecken«, kicherte ein Kiesel.

»Oder bist du etwa in einen Stern verliebt?«

Wohl spürte Maira den Spott in diesen Fragen, doch sie antwortete ruhig: »Wie kommt ihr darauf, daß ich in einen Stern verliebt sein könnte? Wißt ihr nicht, daß ich den Mond als Bräutigam erwählt habe? Im Traum habe ich ihn ganz nah gesehen. Er trägt einen Kopfputz aus silbernen Käferflügeln und Papageienfedern. Ach, nie sah ich einen stattlicheren Mann!«

Als Palmbaum und Kieselsteine diese Antwort vernahmen, wurde ihr Kichern und Spötteln noch lauter. Auch die Nachtvögel und sogar die Nachtfalter stimmten ein.

Am nächsten Tag kam ein fremder Indianer in das Dorf, der war bemalt, wie man es noch nie gesehen hatte. Zu keinem sprach er ein Wort. Erst als er Maira sah, öffnete er den Mund und sagte: »Stehe auf und folge mir! Mein Häuptling hat befohlen, daß ich dich zu ihm bringe.«

»Wer ist dein Häuptling?« fragte das Mädchen.

»Ich bin ein Bote des Mondes. Er hat deine Worte gehört und Gefallen an dir gefunden. Also komm!«

Maira zögerte keine Sekunde. Ohne Abschied von ihren Eltern zu nehmen, folgte sie dem Fremden in den Urwald hinein. Sie gelangten zu einem Flüßchen, an dem ein leichtes Kanu aus Baumrinde lag. Es war Abend geworden, und der Urwald überspannte den Wasserlauf mit seinem dunklen Dach. So fuhren sie durch die Finsternis, und Maira vernahm von überallher leise Stimmen.

»Wohin fährst du, Maira?« glucksten die Wellen. »Was werden deine Leute sagen, wenn du plötzlich verschwunden bist?«

»Kehre um, kehre um, noch ist es nicht zu spät«, ächzten die Wasserwurzeln, wenn das Kanu sie im Vorbeifahren streifte. Aber Maira dachte glückselig an den Mondhäuptling und schwieg.

Als der Morgen heraufdämmerte, mündete der Wasserlauf in einen Fluß, und wo die Gewässer zusammenströmten, stieg ein prächtiger Regenbogen auf. Daran band der fremde Indianer sein Kanu fest. Maira nahm er an die Hand und lief mit ihr auf der lichtfarbenen Brücke empor, höher und immer höher.

Niemand weiß, wie lange sie so liefen. Schließlich hatten sie aber die Wolkendecke durchquert, und das Mädchen war froh, wieder festen Boden unter den Füßen zu spüren.

Benommen schaute sich Maira um. Heller und wärmer schien in der oberen Welt die Sonne, alles war in ein goldenes Licht getaucht, das ihre Augen blendete. Bis zum Horizont erstreckte sich ein grünes Tal. Vogelgezwitscher ertönte von allen Seiten, doch statt des gewohnten Waldes waren grasbewachsene Matten zu sehen, auf denen weiße Tiere weideten.

Dazwischen sah man Felder, auf denen die Pflanzen in langen Reihen, wie auf Schnüre gefädelt, wuchsen.

Ein wundersames Land!

Als sie sich dem Dorf des Mondhäuptlings näherten, sah Maira zwischen den Behausungen überall große goldfarbene Haufen liegen; in der Sonne glänzten sie prächtig.

»Woher habt ihr all das Gold?« wollte sie von ihrem Begleiter wissen.

Der schüttelte lachend den Kopf. »Wie kommst du darauf, daß es Gold sei?«

»Was sollte es sonst sein?«

»Es sind die Körner der Maispflanze, die zum Trocknen in der Sonne liegen«, erklärte der Indianer. »Der Mais wächst auf den Feldern des Himmels, und wir bereiten die köstlichsten Speisen daraus. Deshalb haben wir diese Körner noch lieber als Gold.«

Gar zu gern hätte Maira von den Maiskörnern gekostet, aber da kam ihr auch schon der Mondhäuptling entgegen und hieß sie mit freundlichen Worten willkommen.

Mairas Herz klopfte bis zum Hals. Sein Haupt war mit silbernen Käferflügeldecken und roten Papageienfedern geschmückt, ein prächtiger Anblick, alles war, wie Maira es im Traum gesehen hatte.

Im Haus des Häuptlings stand zu ihrer Begrüßung ein üppiges Mahl bereit: Erdnußklöße und scharf gewürztes Fleisch, Maiskuchen mit gekochtem Kürbis, duftende Suppen, schäumendes Maisbier . . . Nie zuvor hatte Maira so viele und so köstliche Speisen gegessen. Das Festmahl wollte kein Ende nehmen.

Von diesem Tag an lebte sie als Frau des Mondhäuptlings, und sie war glücklich und zufrieden. Hier im Himmel plagte sich niemand – wie in ihrem Dorf – mit der Jagd oder mit der Suche nach eßbaren Wurzeln. Stattdessen pflanzte man Mais an. Hunger und Not waren unbekannt.

Anfangs dachte Maira nur selten an ihre Heimat. Doch die Tage gingen dahin, und das Glück welkte: Ein

Blütenblatt nach dem anderen vertrocknete und fiel herab.

Als der Mondhäuptling zum ersten Mal vor Maira seinen Kopfschmuck abnahm, wollte sie kaum ihren Augen trauen. Achjeh, der stolze Häuptling hatte ja in Wirklichkeit einen kürbisrunden Glatzkopf! Von der erträumten Stattlichkeit keine Spur. Hatte der Mondhäuptling sie anfangs mit größter Liebenswürdigkeit umsorgt, jetzt war davon nichts mehr zu spüren. Und schon hörte Maira aus seinem Mund kaum noch ein freundliches Wort. Jeden Abend verließ er schweigend das Haus, um seinen vorgeschriebenen Weg über den Nachthimmel zu gehen und bei den Gestirnen nach dem Rechten zu sehen.

Kehrte er zurück, lag er faul in seiner Hängematte, oder er schlief, oder er ließ sich bedienen – ganz so, wie es die Männer auf der Erde zu tun pflegten.

Hinzu kam, daß Maira nicht, wie sie erhofft hatte, seine einzige Frau war. Drei Dutzend Frauen nannte der dicke Mondhäuptling sein eigen. Sie mußten sein Haus in Ordnung halten, Essen kochen, Bier brauen und alle Arbeiten in den Maispflanzungen verrichten. Das war nun auch Mairas Los.

So aber hatte sie sich ihr Leben in der Himmelswelt nicht vorgestellt. Was Wunder, daß sie allmählich Sehnsucht nach der Erde verspürte. Wie mochte es ihren Eltern ergehen? Was taten die Brüder, die Schwestern zu Hause im Dorf?

Immer mehr schmerzte sie das Heimweh.

Eines Tages bat sie ihren Mann, einen Besuch auf der

Erde machen zu dürfen. Als der Mondhäuptling diesen Wunsch vernahm, überzog sich sein Gesicht mit dunklen Flecken, und er rief ärgerlich: »Fehlt es dir bei mir an etwas? Leidest du Hunger? Mangelt es dir an Kleidung? Was also willst du auf dieser jämmerlichen Erde?«

»Es fehlt mir an nichts«, antwortete Maira. »Es war mein eigener Wunsch, hier oben zu leben, und ich bin dir dankbar, daß du ihn erfüllt hast. Doch bedenke: Als ich aus meinem Dorf ging, habe ich mich nicht einmal von Vater und Mutter verabschiedet. Sie weinen gewiß bittere Tränen um mich. Nur deshalb möchte ich hinunter, und sei es auch nur für einen Tag.«

»Schlage dir diesen Wunsch aus dem Kopf, Mädchen von der Erde! Niemand, der seinen Fuß in das obere Land gesetzt hat, kann je an Rückkehr denken. Ich kenne euch Erdenmenschen zu gut. Am Ende würdest du in deinem Dorf all unsere Geheimnisse ausplaudern. Das darf nie geschehen! So lautet mein letztes Wort.«

Während er sprach, verzog der Mondhäuptling sein Gesicht zu einer schmalen Sichel, und er schaute so finster drein, daß Maira ein kalter Schauer über den Rükken lief.

Nun war guter Rat teuer. Sollte sie es heimlich versuchen? Aber wie? Auf welchem Wege?

Endlich fiel ihr der Regenbogen ein, auf dem sie einst heraufgestiegen war.

Bei jeder Gelegenheit durchstreifte sie das Himmelstal, um den Regenbogen wiederzufinden. Immer darauf bedacht, daß niemand Verdacht schöpfen sollte, suchte sie auch die entlegensten Gegenden auf. Und welch ein

Glück! Endlich fand sie den Ort, von wo der Regenbogen, durch ein Wolkenloch hindurch, Himmel und Erde verband.

Kurzentschlossen setzte Maira ihren Fuß auf die schwankende Regenbogenleiter. Aber im selben Moment durchfuhr sie ein heftiger Schreck, denn die Stimme des Mondhäuptlings dröhnte ihr entgegen. »Wage nicht, gegen meinen Befehl zu verstoßen«, rief er von irgendwoher. »Zurück, oder . . .« Nur mit Not konnte sich die Indianerin auf den Himmelsboden flüchten. Noch einmal leuchtete der Regenbogen auf, verblaßte dann, vom Lachen des Häuptlings begleitet, um schließlich ganz zu verschwinden.

Niedergeschlagen kehrte Maira in das Haus des Mondhäuptlings zurück. War es bisher ihre Aufgabe gewesen, jeden Tag die silbernen Käferflügeldecken seines Kopfputzes zu glänzen, so strafte sie der Häuptling nun dadurch, daß er ihr die schwersten Feldarbeiten übertrug. Mit dem Grabestock mußte sie die Erde für die Aussaat lockern, und zeigte der Mais dann seine ersten Blätter, begann die mühselige Hackarbeit.

Immer, wenn Maira hinaus in die Pflanzung ging, hörte sie seine Warnung: »Aber sieh dich vor, damit du nicht zu tief in die Erde hackst. Das würde uns Unglück bringen!«

So schuftete Maira jeden Tag von früh bis spät in der Glut der Sonne. Die Arbeit fiel ihr schwer, dennoch gab sie die Hoffnung nicht auf, die Eltern und Geschwister doch noch wiederzusehen; der Traum von der Erde gab ihr Kraft, alle Strapazen zu überstehen.

Einmal arbeitete sie in einer Senke des großen Himmelstales, und wie sie beim Graben versehentlich besonders tief in die Erde drang, tat sich an dieser Stelle ein Spalt auf, durch den ein bläuliches Licht schimmerte. Rasch vergrößerte sie den Spalt, um besser hineinschauen zu können. Der Anblick nahm ihr fast den Atem.

Narrte sie ein Spuk? Aber nein! Durch das Loch im Acker konnte Maira geradewegs auf die Erde sehen. Da breiteten sich die endlosen Wälder aus, dort, von silbernen Wasseradern durchzogen, die Berge, direkt unter ihr lag das heimatliche Dorf. Jede Hütte konnte sie erkennen und die Menschen, winzig kleine Menschen.

Unendlich schwer fiel es Maira am Abend, die beglückende Entdeckung für sich zu behalten. Aber sie biß sich auf die Lippen und schwieg. Alsbald bereitete sie in aller Heimlichkeit ihre Flucht vor.

Abend für Abend, wenn sie von der Pflanzung zurück ins Dorf ging, streifte Maira von den Sträuchern am Wegrand lange Bastfasern ab und drehte sie zu einem Seil. So wuchs das Seil jede Nacht ein Stück. Als es ihr lang genug erschien, wickelte sie es um ihren Leib, zog die Kleidung darüber und ging hinaus in die Felder. Sie pflückte zwei reife Maiskolben und band sie an ihren Gürtel. Dann verankerte sie das Seil mit dem Grabestock, kroch durch das Loch und ließ sich am Seil in die Tiefe gleiten.

Rasch entfernte sie sich von der oberen Welt, doch es war weit bis zur Erde, und Maira bangte, das Seil könnte reißen. Ihre Hände bluteten und färbten das Seil. Sie gelangte tiefer und tiefer, spürte bereits den vertrauten

Hauch des Waldes, und das Schreien der Vögel drang an ihr Ohr. Doch da – das Seil war zu Ende.

Was nun? Bis zu den Baumwipfeln war es noch weit. Zurückkehren? Nein!

Kurzentschlossen schnitt Maira ihr langes Haar ab, flocht es, verlängerte damit das Seil. So gelangte sie zu den Kronen der Bäume, endlich konnte sie hinunterstei-gen. Überglücklich fühlte sich Maira, als sie auf der roten Erde ihrer Heimat stand. Doch in ihrem Dorf angekommen, erkannte man sie nicht wieder, selbst ihre Mutter sah sie zunächst für eine Fremde an.

Was war nur mit ihren Leuten geschehen? Sie sahen verändert aus, waren abgehärmt, langsam in den Bewegungen. Maira beobachtete, daß die Männer von der Jagd ohne ein einziges Stück Wild zurückkehrten, daß die Frauen die Rinde von den Bäumen schälten, um daraus ein Mahl für die Kinder zu bereiten.

Maira mußte nicht lange überlegen. Oft genug hatte sie den Hunger am eigenen Leib gespürt, wenn das Jagdglück die Männer verlassen hatte und alle Vorratshütten leer waren.

Die Mutter war es, die Maira endlich erkannte und in die Arme schloß. »Wo kommst du her? Wo bist du gewesen?« wollte sie wissen.

Maira erzählte vom Himmelstal und vom Haus des Mondhäuptlings, und alle Leute hörten staunend ihren Bericht.

Auch vom Mais sprach Maira und zeigte die beiden Kolben, die sie mitgebracht hatte.

»Wenn dies die Speise des Mondhäuptlings ist, so gib

uns davon. Wir wollen sie zubereiten, wie du es uns lehrst, denn wir leiden großen Hunger.«

Bitterschwer fiel es Maira, doch sie schüttelte den Kopf und sagte: »Nein, meine Brüder! Wenn wir den Mais jetzt essen, werden wir den Hunger niemals aus dem Dorf vertreiben.« Sie verschloß ihre Ohren vor dem Murren der Männer, vor dem Weinen der Frauen. Sie suchte einen Hügel in der Nähe ihrer Siedlung und rodete alles, was hier an Bäumen und Gesträuch wuchs. Als Blattwerk und Holz getrocknet waren, brannte sie es ab. Dann grub sie die Erde, wie sie es im Himmel gesehen hatte, und säte die Maiskörner ein. Nicht lange, da wuchs aus jedem Korn eine schöne Pflanze, und bald trug jede der Pflanzen zwei Maiskolben, runde, feste, goldgelb glänzende Maiskolben.

Da sprachen die Leute ihres Dorfes: »Wenn dies die Speise des Himmels ist, so gib uns davon, denn wir leiden noch immer Hunger.«

Doch Maira blieb hart, obwohl der Hunger auch sie plagte. »Nein!« sagte sie. »Wenn wir genug zu essen haben wollen, müssen wir Geduld aufbringen.«

Diesmal richtete sie eine um vieles größere Pflanzung her und bestellte sie mit dem geernteten Saatgut. Wieder trug jede Pflanze mehrere Kolben, und in jedem Kolben waren viele hundert Körner.

Jetzt endlich war die Ernte groß genug, ein stattlicher Berg türmte sich goldglänzend auf dem Versammlungsplatz, und alle Leute kamen herbei, um ihren Teil zu holen. Bald zogen wundervolle Düfte durchs Dorf, die allen das Wasser im Mund zusammenlaufen ließen. Maisfladen wurden gebacken, Kaschiri gekocht, Maisbier gebraut – das alles lehrte Maira die Indianer.

Wenig später kamen auch die Leute der anderen Stämme in Mairas Dorf, denn die Legende vom Mais hatte sich in Windeseile verbreitet. Jeder Besucher des Dorfes erhielt eine Handvoll Saatgut und wurde im Akkerbau unterwiesen. Auf diese Weise verbreitete sich der Mais rasch in alle Himmelsrichtungen, und der Hunger hatte im Land der Indianer seine Macht verloren.

BLAUBEEREN

In einem Indianerdorf im Waldgebiet unweit der Großen Seen lebte einst ein Indianerjunge mit seinen beiden älteren Brüdern. Diese waren tüchtige Jäger und sorgten wie die Männer des Dorfes für Fleisch, warme Felle und alles, was man sonst zum Leben brauchte. Der Junge hingegen, »Kleiner Bruder« genannt, mußte mit den Frauen und mit den Kindern der Siedlung den Wigwam hüten, wenn die Männer auf ihre abenteuerlichen Jagdzüge in die Wälder gingen.

Das grämte den Jungen mächtig, denn im Traum sah er sich schon als tapferen Jäger, der mit reicher Beute nach Hause kehrt. Aber so oft er auch darum bat, die Brüder begleiten zu dürfen – niemals fand er Gehör.

»Die Jagd ist kein Kinderspiel«, sprach der eine Bruder, und der andere ergänzte: »Warte ab, bis du in den Kreis der Männer aufgenommen bist.« Und beide Brüder schauten erhaben wie große Häuptlinge auf Kleiner Bruder herab – dabei waren sie in Wirklichkeit nur wenig älter als er.

Ich muß ihnen beweisen, daß ich kein Kind mehr bin, schwor sich Kleiner Bruder deshalb eines Tages. Fortan nutzte er jede Stunde, um seine Muskeln zu stählen und sich auf die Anstrengungen des Jägerlebens vorzubereiten. Er schwamm und tauchte bei jedem Wetter im kalten Wasser der Seen, er lief mit dem Wind um die Wette, und im Ringkampf besiegte er die anderen Indianerjungen. Er stemmte große Steinbrocken und Baumstämme, übte den Umgang mit dem Jagdmesser, schoß mit Pfeil und Bogen . . . An Kraft und Geschicklichkeit kam ihm bald keiner der Altersgenossen gleich.

Schließlich sagte er zu seinen Brüdern: »Erfüllt mir eine Bitte! Bindet mich mit Büffelsehnen an einen Baum, ich möchte euch etwas zeigen.«

Die Brüder schüttelten den Kopf über den seltsamen Wunsch, aber sie taten ihm den Gefallen und banden ihn an einen Baum. Nachdem er also gefesselt war, nahm Kleiner Bruder all seine Kräfte zusammen und versuchte, die Fesseln zu sprengen. Und es gelang ihm! Mit einem mächtigen Ruck zerriß er die Büffelsehnen und legte sie vor seinen Brüdern auf die Erde.

Diese bewunderten seine Kraft und sparten nicht mit lobenden Worten. Doch nein und nochmals nein, auf die Jagd wollten sie ihn immer noch nicht mitnehmen!

Tieftraurig war der Indianerjunge. Obwohl er, wie es sich für einen Indianer gehört, keine Träne zeigte und kein Wort der Klage über seine Lippen kam, sahen doch alle seinen Kummer: Vögel und Bäume, Wolken und Sonne.

Da verschwand Schwester Sonne hinter den Wolken und stieg auf die Erde herab.

»Höre, Kleiner Bruder, ich will dir raten, wie du dein Ziel erreichen kannst«, sprach sie zu ihm. »Morgen früh, wenn ich meine Tagesreise im Osten beginne, verlasse deinen Wigwam. Laufe in die Wälder und beweise deinen Brüdern, daß du die Wildnis nicht fürchtest. Ich schenke dir drei Zauberpfeile. Solltest du einmal in Gefahr geraten, so schieße sie ab, dann wird dir kein Leid geschehen.«

Als die Brüder am anderen Morgen erwachten, hatte Kleiner Bruder das Dorf bereits verlassen; schon eilte er leichtfüßig den Wäldern entgegen. Die Brüder gerieten in Sorge darüber, wo Kleiner Bruder sein könnte, und sie begaben sich auf die Suche nach ihm. Da sie Spuren lesen konnten wie nur wenige, hatten sie bald seinen Weg gefunden und nahmen die Verfolgung auf.

Nicht lange, da bemerkten sie, daß Kleiner Bruder geradewegs nach Norden ging, wo der Grizzlybär, der kühnste unter den Bären, seine Jagdgründe hatte. Zuerst dachten die beiden daran, den Bruder rasch einzuholen und zurück in das sichere Dorf zu bringen. Dann aber überlegten sie es sich anders.

»Wir wollen ihm eine Lehre erteilen, die er niemals vergißt«, sagte der eine Bruder.

»Ja, das wollen wir tun«, sprach der andere. »Er soll zum ersten Mal in seinem Leben spüren, was wirkliche Angst ist.« Also hielten sich die beiden zurück, während Kleiner Bruder unbekümmert der Gefahr entgegenlief.

Nicht lange, da hörte er in der Nähe ein gereiztes Brummen. Der Junge schaute sich um – die Haare standen ihm zu Berge: Im nahen Unterholz sah er einen gewaltigen Grizzlybären. Was nun? Kleiner Bruder begann zu laufen, jagte wie der Wind durch den Wald. Aber anstatt umzukehren, wie es seine Brüder erwartet hatten, lief er immer tiefer in das Jagdgebiet des Bären hinein. Weit und breit war kein Unterschlupf, der Sicherheit geboten hätte. Der Bär bewegte sich trotz seines Gewichts und trotz seiner Größe so schnell und wendig, daß er dem Jungen immer näher kam.

In seiner Aufregung hätte Kleiner Bruder beinahe das Geschenk der Sonne vergessen, doch im letzten Moment erinnerte in ein Sonnenstrahl daran. Hastig legte er einen Pfeil zwischen Bogen und Sehne und schoß ihn ab.

Wie von einer unsichtbaren Hand gelenkt, fiel der Pfeil kurz vor dem Grizzly zu Boden. Doch was war das? Wo die Pfeilspitze in die Erde gedrungen war, öffnete sich der Waldboden, und gurgelnd quoll ein Sumpf aus der Tiefe, und er dehnte sich rasch nach allen Seiten aus. Der Bär hielt inne, erhob sich mit Gebrüll auf die Hintertatzen. Dann aber stürzte er sich in den Morast und durchquerte den Sumpf in wilder Hast.

Der zweite Pfeil schnellte von der Sehne. Die Erde

bebte, und ein zerklüftetes Felsengebirge schob sich empor, es trennte den Verfolgten von dem Verfolger.

Doch für den Bären schien es kein unüberwindliches Hindernis zu geben. Er kletterte an den Felsen empor, daß ihm die Krallen splitterten. Bald hatte er die Felsen erklommen, und er setzte die Verfolgung fort.

Schon japste Kleiner Bruder mühsam nach Luft. Schwer wie Stein waren seine Beine. Als der Bär so nahe gekommen war, daß man das Funkeln in seinen Augen sah, verschoß Kleiner Bruder den letzten Pfeil.

Der Indianerjunge hielt den Atem an. Er wartete darauf, daß sich etwas ereignete, daß sich die Erde öffnete und den Bären verschlang. Oder daß ein tödlicher Blitz auf ihn herabfuhr. Aber nichts dergleichen passierte. Es dauerte eine Weile, bevor Kleiner Bruder entdeckte, was stattdessen geschah. Ringsum reckten sich kleine Pflanzen aus dem Waldboden, breiteten Zweige aus, die dick mit blauen Früchten behangen waren: Ein Teppich von Blaubeersträuchern bedeckte den Boden, ein süßer Duft zog durch den Wald.

Weder Sumpf noch Gebirge hatten den riesigen Grizzlybären aufhalten können. Nun aber, bei den Blaubeeren angelangt, kam die wilde Verfolgungsjagd zum Stehen.

Der Bär hob seine Nase, dann kostete er vorsichtig einige Früchte, schließlich machte er sich mit solcher Begierde über die Blaubeeren her, daß der Junge völlig vergessen war.

Auf diese Weise entkam Kleiner Bruder im letzten Augenblick der drohenden Gefahr. Er dankte Schwester Sonne und wandte seine Schritte dem heimatlichen Wigwam zu.

Als er sich seinem Dorf näherte, hörte er Trauergesänge; seine Brüder hatten sie am Totempfahl angestimmt, denn alle Indianer der Ansiedlung glaubten, Kleiner Bruder sei dem Grizzlybären zum Opfer gefallen. Um so größer war die Freude, als er gesund und munter auf dem Dorfplatz erschien.

Nachdem er von seinem Abenteuer berichtet hatte, riefen die Trommeln zu fröhlichem Tanz, und der Häuptling sprach: »Als Knabe zog Kleiner Bruder in die Wälder, als Mann kehrte er zurück. Sein Platz soll nun bei den Jägern sein!«

DAS KLEEBLATT

Da lebte ein Mann, dem bislang jede Fuhre vor den Baum gegangen war. Er säte Hafer auf seinem Feld und erntete nichts als Disteln. Er fuhr mit einem neuen Boot zum Fischfang auf See, aber ein riesiger Fisch zerstörte Netz und Boot, und der Mann konnte nur mit Mühe seine nasse Haut ans Ufer retten. Schließlich versuchte er es mit einem Handel. Doch während die anderen Kaufleute reichen Gewinn nach Hause brachten, kam er mit leeren Händen vom Markt zurück.

»Oh, dieser Pechvogel!« sprachen die Leute. »Hopfen und Malz sind bei dem verloren.«

Da es mit ihm also immerfort abwärts ging, faßte er eines Tages den Entschluß, seiner Heimat den Rücken zu kehren und irgendwo anders ein neues Leben zu beginnen.

Gesagt, getan. Er machte seine wenigen Habseligkeiten zu Geld und wanderte los.

Nach etlichen Tagen gelangte er in eine große Hafenstadt. Buntbeflaggte Segelschiffe lagen in großer Zahl an der Landungsbrücke. Matrosen aus vieler Herren Länder bevölkerten die Straßen. Und überall hörte man die Berichte von den Abenteurern und vom Glück, das viele von ihnen in fremden Ländern gefunden hatten.

Da sagte unser Mann zu sich: »Wenn ich schon in die Fremde gehe, dann am besten gleich auf die andere Seite der Welt. Denn schlechter als in der Heimat kann es mir nirgendwo ergehen.«

Er ging von Schiff zu Schiff und fand endlich auch einen Kapitän, der ihn trotz des wenigen gebotenen Geldes als Passagier auf seinen schönen Segler, mit goldener Seejungfrau am Bug, nahm. Der Mann konnte die Abfahrt gar nicht erwarten. Da bis zum Ablegen aber noch Zeit war, schlenderte er durch die Stadt, um sich die Zeit zu verkürzen.

Was es auf den Gassen und Plätzen nicht alles zu sehen gab! Mit offenen Augen und Ohren ließ sich der Mann im bunten Strom der Menschen treiben. Bestaunte fremdländische Waren, bewunderte schöne Frauen in kostbaren Gewändern . . . All das schien ihm ein Vorgeschmack auf sein eigenes künftiges Glück zu sein.

So spazierte er in bester Stimmung umher. Schließlich gelangte er, weitab vom Hafen, zu einem Palais, das von einem wundervollen Garten umgeben war. Gedankenverloren betrachtete er die zahllosen Wasserfontänen, die seltenen Bäume und Blumen, die hinter dem schmiedeeisernen Gitterzaun blühten. Da fiel sein Blick auf eine bescheidene Kleestaude, die unweit des Zaunes im Gras stand. Und er schüttelte vor Freude und Verwunderung den Kopf, denn von dieser Staude leuchtete ihm ein vierblättriges Kleeblatt entgegen.

Rascher schlug sein Herz bei diesem Anblick, und er sprach zu sich selbst: »Daß so ein Vierblatt Glück bedeutet, weiß jedes Kind. Wenn aber so ein Pechvogel wie ich einen derartigen Fund macht, muß es wohl eine ganz besondere Bewandtnis haben. Ich muß das Blättlein unbedingt bekommen!«

Mit der Hand langte er zwischen den Gitterstäben hindurch, aber so sehr er sich auch reckte – sein Arm war viel zu kurz. Er versuchte es mit einem Stecken. Umsonst. Da erklomm er kurzentschlossen den Zaun, schwang sich behend darüber und landete im weichen Gras. Ein Griff – das Glücksblatt gehörte ihm. Groß war seine Freude, als er es sicher in seinem Gürtel verstaut hatte.

Im selben Moment spürte er jedoch eine harte Hand in seinem Nacken, so daß alle Glücksgefühle vor Schreck zerstoben. Ein Gartenwächter stand hinter ihm und musterte den Eindringling mit finsterem Blick.

Der Mann versuchte zu erklären, stammelte auch ein Entschuldigung . . . Aber nichts half. Unerbittlich schüttelte der Wächter sein Haupt und führte ihn mit festem Griff davon.

Glockengeläut war von der Stadt her zu vernehmen.

Mit Schrecken dachte der Mann daran, daß sein Schiff jeden Augenblick in See stechen konnte. Er verlegte sich nun aufs Bitten, flehte den Wächter unter Tränen um Gnade an. Doch der ließ sich nicht erweichen.

Der Gartenwächter schaffte den Mann zum Obergartenwächter, der schaffte ihn zum Generalgartenwächter. Ein jeder verhörte ihn mit aller Gründlichkeit. So mußte der Mann mehrere Stunden in dem vermaledeiten Garten zubringen. Dann endlich hatte man sich von seiner Harmlosigkeit überzeugt und setzte ihn mit einem Fußtritt auf die Straße.

So schnell die Beine ihn trugen, hastete er zum Hafen. Doch er kam zu spät. Zwar konnte er sein Schiff noch sehen, aber es befand sich bereits auf hoher See, hatte schon sämtliche Segel stolz in den Wind gesetzt.

Von dieser Stunde an mochte der Mann keinem Menschen mehr ins Gesicht sehen. Das Glück, so meinte er, hatte endgültig seine Hand von ihm genommen. Und er erhoffte für sein Leben keinen Pfifferling mehr.

Ziellos irrte er durch die fremde Stadt. Wenn der Hunger ihn stach, bettelte er um einen Kanten Brot, einen Teller Suppe. Nachts schlief er in irgendeinem Hauseingang. Bald waren sein Wams und seine Hose zerschlissen, struppig sein Bart, schmutzig sein Gesicht.

So gingen Tage, Wochen, Monate dahin. Einmal legte ein Schiff aus fernem Land im Hafen an und brachte eine Nachricht mit, die rasch von Mund zu Mund durch die gesamte Stadt getragen wurde. Und auch unser Mann erfuhr schließlich davon. In einem Wirtshaus, aus dem

Mund eines angetrunkenen Matrosen: »O ja, es war ein stolzes Schiff mit seiner goldenen Seejungfrau am Bug. Doch gegen so einen Orkan ist halt kein Kraut gewachsen. Kein Mensch hat dieses Unglück überlebt, kein Mann und keine Maus.«

Unser Mann verstand nicht gleich. Wieder und wieder ließ er sich alles von dem Matrosen erzählen. Er lachte und weinte dabei zugleich. Schließlich öffnete er mit zitternden Händen seinen Gürtel, fingerte das längst vertrocknete Kleeblatt heraus. Er zeigte es in der Wirtsstube herum und erzählte den Anwesenden seine Geschichte.

VOM BAUERN ANSIS, DER DIE SPRACHE DER BÄUME VERSTAND

Oben im Norden, im Lande Järven, lebte vor langer Zeit ein Bauer namens Ansis mit seiner Frau. Ansis war eine gutmütige Natur, jederzeit freundlich und bescheiden, seine Frau hingegen zeigte sich meist griesgrämig wie schlechtes Wetter. Von früh bis spät dachte sie daran, wie sie ihren schmalen Besitz vergrößern könnte. Auf diese Weise machte sie ihrem Mann das Leben nicht selten zur Hölle.

Kaum war die Ernte eingebracht, und die Zeit der langen Nächte, in der jedermann gern ein Stündchen länger auf dem Ofen ruhte, kam ins Land, da krakeelte die Frau in aller Frühe durch das Haus: »He, Mann, willst du den lieben langen Tag verschlafen? Ich werde dir Beine machen, fauler Strick! Gehe in den Wald und schlage ein paar Klafter Holz!«

»Aber Frau, wozu noch mehr Holz holen?« entgegnete der Bauer zaghaft. »Unser Schober ist doch schon bis zum Dach mit Wintervorrat gefüllt.«

»So verkaufe das Holz, das du aus dem Walde bringst. Ein paar blanke Münzen könnten wir gut gebrauchen.«

Da stieg der Mann seufzend vom Ofen herab, schulterte seine Axt und ging in den Wald.

Er kam zu einer Birke, die ihm zum Fällen geeignet erschien. Kaum hatte er die Axt erhoben, rief der Baum: »Laß mich stehen, Ansis! Sieh, meine Samen sind noch nicht ausgereift. Erst wenn der Schnee die Erde bedeckt, werden sie herabfallen. Hab Mitleid mit meinen Nachkommen!«

Der Bauer nickte der Birke zu, ging weiter zur Eiche. Er spuckte in die Hände und holte zu einem mächtigen Hieb aus.

Aber die Eiche bat: »Verschone mich, guter Mann! Zehnmal hundert Jahre ist mein Vater alt geworden, ich aber bin mit meinen hundert Sommern in meiner Sippe ein Jüngling, der sein Leben noch vor sich hat.«

Ansis hatte ein Einsehen. Er wandte sich nun der Espe zu. Die ahnte wohl seine Absicht, denn es zitterten sämtliche Blätter des Baumes. »Laß mich am Leben! Ich muß mit meinen Blättern immerzu rascheln und säuseln und in der Nacht die Bösen vor ihren Taten warnen. Was soll werden, wenn ich nicht mehr im Walde bin?«

Wieder ließ Ansis die Axt sinken, und da es zu dämmern begann, begab er sich auf den Heimweg.

»Wo ist das Holz? Wo bleibt das Geld?« empfing ihn seine Frau unwirsch. Als er erzählte, was ihm im Wald widerfahren war, brach das Unwetter erst richtig los.

»Du einfältiger Tropf, was kümmerst du dich um die jammernden Bäume. Morgen, du Dummkopf, überhörst du ihr Geschwätz, sonst wirst du es sein, der Grund zum Jammern hat!«

Anderntags mußte Ansis also wieder in den Wald. Zunächst versuchte er bei der Eberesche sein Glück. Aber die rief ihm entgegen: »Tu mir nichts zuleide, Ansis! Gerade sind meine Früchte rot geworden, für die Vögel wahre Leckerbissen im Winter. Auch Reh und Wildschwein verschmähen sie nicht. Wie sollen die Tiere über den Winter kommen, wenn du mich fällst?«

Bauer Ansis gab sich alle Mühe, das Flehen des Baumes zu überhören. Doch sein mitfühlendes Herz war stärker, er lief also weiter. Dann sah er einen kräftigen Ahorn.

Kaum blitzte Ansis Axt, konnte er die Stimme des Ahornbaumes vernehmen: »Oh, laß mich leben! Süßen Zuckersaft will ich dir schenken, wenn der Frühling wieder ins Land kommt. Verschone mich. Du sollst es nicht bereuen!«

Obwohl Ansis die Sache allmählich leid war, ging er auf die Bitte des Ahorns ein.

Einige Schritte weiter begegnete er, fest entschlossen, endlich zu seinem Holz zu kommen, dem Faulbaum. Doch auch der Faulbaum war nicht stumm.

»Oh, Mensch, weißt du nicht, daß die Nachtigall in meinem Astwerk ihren Lieblingsplatz hat. Nirgendwo

singt sie schöner als in meinem Gezweig. Wenn du Hand an mich legst, wird sie gewiß diesen Landstrich verlassen.«

Ach, armer Ansis! Wo er doch den Gesang der Nachtigall über alles liebte! – Zugleich aber mußte er an den zu erwartenden Zorn seiner Frau denken. Ansis überlegte hin und her, brachte es aber nicht fertig, den Baum der Nachtigall zu fällen. So kehrte er zum zweiten Mal unverrichteter Dinge nach Hause zurück.

»Du Tagedieb, Faulsack, Müßiggänger«, empfing ihn seine Frau. »Wagst du es, mir mit leeren Händen unter die Augen zu treten!«

Am folgenden Tag schickte sie Ansis erneut zum Holzfällen in den Wald. »Läßt du dich wieder erweichen, so brauchst du deinen Fuß nicht mehr in dieses Haus zu setzen. Dann kannst du deiner Wege gehen! Hast du verstanden?« rief sie ihrem Mann zum Abschied hinterdrein.

Weiter als sonst ging Ansis in den Wald. Er traf die Fichte, doch bevor er noch mit der Axt zu einem raschen Hieb ausholen konnte, hörte er sie flehen: »Sieh doch, wie frisch und kräftig meine Äste sind. Sie grünen im Sommer und bieten auch im Winter Schutz bei Wind und Wetter. Als du Hochzeit feiertest, schmückten meine Zweige den Fußboden deines Hauses. Hast du alles vergessen, Ansis?«

Nun gut, Ansis ließ die Fichte stehen und marschierte weiter. Er lief hierhin und dorthin, bis er vor dem Wacholder stand. »Halt ein Bauer«, rief der sogleich. »Weißt du nicht, daß man mich ›wertvollster Schatz des

Waldes‹ nennt? Neunundneunzig Krankheiten vermag ich zu heilen. Wie bitter wäre es, wenn ich nicht mehr zu Diensten sein könnte.«

Ansis kam zur Linde. Endlich wollte er es schlauer anstellen. Diese oder keine, sagte er sich, und hieb, noch ehe die Linde ein Wort vorbringen konnte, mit seiner Axt in das frische Holz.

»Mitleid, Mitleid«, flehte der alte Baum. Aber Ansis, voller Verzweiflung nun, hieb ein zweites Mal zu, daß die Splitter nur so flogen.

»Warum tust du das, Söhnchen?« jammerte die Linde. »Habe ich nicht deinen Urgroßvater, deinen Großvater und auch deinen Vater gekannt? Jeder von ihnen hatte ein freundliches Wort für mich, wenn er des Weges kam. Welche Not treibt dich, daß du mir mit der Axt an das Leben gehst?«

Was konnte Ansis da schon entgegnen? Er ließ die Axt sinken, warf sie zu Boden, dann setzte er sich auf einen Findling und ging mit sich zu Rate.

Ach, warum waren die Bäume nicht stumm wie dieser Stein!

Wie sollte er, Ansis, nur zu seinem Holz kommen? Was tun, wenn seine Frau ihm tatsächlich die Heimkehr verbot? – Dem Flehen der Bäume sein Herz verschließen? Nein und nochmals nein, das konnte Ansis nicht!

So in Gedanken versunken, bemerkte er nicht, daß plötzlich aus der Tiefe des Waldes eine weißhaarige Frau trat. Ihr Rock war aus samtigem Moos, ihr Mieder aus Spinnwebenseide. Auf dem Kopf trug sie eine Haube aus Farnwedeln und an den Füßen Schuhe aus Lindenbast. Das weißhaarige Mütterchen ließ sich unweit des Findlings nieder und blickte Ansis aufmerksam an. »Was grübelst du, mein Sohn?« fragte es schließlich mit warmer Stimme. »Erzähle! Warum bist du so betrübt?«

Ansis sprang von seinem Stein. »Wie sollte ich nicht betrübt sein«, stammelte er. »Seit Tagen mühe ich mich, wie es meine Frau wünschte, in diesem Wald ein paar Klafter Holz zu schlagen. Doch jeder Baum flehte mich um Gnade an. Ich kann da einfach nicht widerstehen!«

»Du hast ein gutes Herz, Söhnchen«, erwiderte die Frau. »Deshalb soll dir kein Leid geschehen. Hab Dank, daß du das Flehen meiner Kinder nicht überhört hast. Ich bin die Waldmutter, und alles, was meine Geschöpfe zu leisten vermögen, soll dir zu Diensten stehen. Sage frei heraus, welchen Wunsch ich dir erfüllen soll!«

Ansis zuckte bescheiden mit den Schultern. »Was sollte ich schon für Wünsche haben?«

Aber die Waldmutter wollte ihn nicht unbeschenkt gehen lassen. »So überlege doch, Söhnchen! Plagen dich vielleicht Krankheiten? Ich will dann dem Wacholder befehlen, daß er sogleich Heilung bringe. Benötigst du den Honig der Waldbienen oder den süßen Ahornsaft? Brauchst du Brennholz? Oder willst du dir vielleicht ein neues Haus bauen? Ein Wort genügt, und ich will dir jeden Wunsch erfüllen!«

»Nun ja«, brummte Ansis zögernd, »wenn's denn sein muß, kannst du mir mit etwas Brennholz helfen.«

Die Waldmutter nickte ihm freundlich zu und – war im selben Moment im Walddunkel verschwunden.

Nach diesem Erlebnis ging Ansis leichteren Schrittes nach Hause. Seine Frau erwartete ihn bereits an der Gatterpforte. »Wie? Was? Du hast meinen Auftrag wieder nicht ausgeführt?« kläffte sie und schwang drohend den Reisigbesen.

Aber Ansis nahm ihr den Besen aus der Hand, und dann sprach er: »Bist du denn blind? Schau dich nur um, sieh, was neben dem Speicher liegt!«

Dort – welch ein Wunder – lag tatsächlich ein Stapel Holz. Ansis Frau machte die Augen auf und zu und wieder auf, aber das Bild verschwand nicht. War das ein prächtiger Holzstapel! Höher noch als der Ziehbrunnen!

Natürlich wollte die Frau wissen, wie Ansis so schnell zu dem Holzvorrat gekommen war.

Ihr Mann erzählte alles haarklein. – Ach, hätte er lieber den Mund gehalten! Die Frau stemmte nämlich sogleich die Hände in die Hüften und rief voller Zorn: »Du größter aller Narren! Warum hast du diese Fee so leicht davonkommen lassen. Sie kann gewiß ganz andere Reichtümer herbeischaffen, wenn man ihr nur tüchtig einheizt. Also, geh zurück in den Wald und sieh zu, daß du die Frau wiederfindest. Dann verlange etwas Besseres von ihr: einen schönen großen Bauernhof!«

Versuch macht klug, seufzte Ansis und trollte sich in den Wald. Unterwegs hielt er mit diesem und jenem Baum ein Schwätzchen, schließlich erreichte er den Findling, an dem er die Waldmutter beim ersten Mal getroffen hatte. Und nicht lange, da stand sie vor ihm.

»Bist du unzufrieden mit dem Holz?« wollte sie wissen. »Oder ist dir inzwischen ein besserer Wunsch eingefallen?

»Einen schönen Bauernhof könnten wir brauchen, wenn's nicht zuviel verlangt ist«, antwortete Ansis leise und nicht ohne Zögern. »Unsere Hütte ist gar zu klein und verräuchert, auch Speicher und Stall taugen nicht viel, meint meine Frau.«

»Geh nur nach Hause und sieh nach«, sagte die Waldmutter. »Dein Wunsch ist schon erfüllt.«

Zurückgekehrt, wollte Ansis kaum seinen Augen trauen: Dort, wo das alte Häuslein gestanden hatte, stolzierte seine Frau nun über einen neuen Bauernhof! War das ein feines Gehöft! Ein großes Haus aus sauber gefügten Balken, dazu zwei Speicher, mit allen Vorräten gefüllt, Viehställe, ein Badehaus, ein Brunnen, eine Mühle . . . kurzum, es fehlte an nichts.

Von dieser Stunde an lebten Ansis und seine Frau wie große Bauersleute. Ein Dutzend Knechte und Mägde ging ihnen zur Hand, und ihr Wohlstand mehrte sich von Jahr zu Jahr.

Einmal geschah es jedoch, daß sie auf der Fahrt in die Stadt von einer feinen Kutsche überholt wurden. Darin saßen, die Köpfe stolz erhoben, ein Gutsherr und seine Frau. Da sprach Ansis' Frau: »Oh, Mann, du bist und bleibst ein Narr! Warum hast du von der Waldmutter nur einen Bauernhof gefordert? Wer einen Bauernhof herbeiwünschen kann, der kann auch ein Gut schaffen. Also, sieh zu, daß du die Waldmutter bald wiederfindest. Schließlich steht sie in deiner Schuld.«

Ansis wußte nicht recht, was er von diesem Ansinnen

halten sollte. Doch er ging zu jenem Findling und schaute sich um.

Es war ein stürmischer Tag, die Bäume rauschten und ächzten. Lange mußte Ansis rufen, bis die Waldmutter endlich vor ihm stand.

»Was fehlt dir nun noch, mein Sohn?«

»Nichts, es lebt sich recht gut als großer Bauer«, antwortete Ansis. »Aber ein Gutsherr mit steinernem Haus und feiner Kutsche, der lebt gewiß noch besser.«

»Ein Gutsherr möchtest du also werden?«

»Ja, mit Dienstboten und allem, was dazugehört.«

»Das ist kein geringer Wunsch«, sprach die Waldmutter nachdenklich. »Aber ich will mich nach Kräften darum bemühen.«

Ansis beeilte sich, aus dem ungemütlichen Wald nach Hause zu kommen. – Von weitem schon sah er voller Freude ein weißes Herrenhaus stehen.

Eins, zwei, drei . . . er und die Frau verwandelten sich also in feine Herrschaften. In Brokat und Seide gekleidet und auf hohen Absätzen stakelte Ansis' Frau nun einher, und sie kommandierte mit hochmütiger Miene die Dienerschaft. Auch Ansis war kaum wiederzuerkennen, er trug Schuhe mit Silberschnallen und schnupfte unentwegt aus einem goldenen Döschen. Jeden Tag wurde ein Fest gefeiert, und die Tische bogen sich unter der Last erlesener Speisen und Getränke.

Waren die Eheleute nun endlich am glücklichen Ziel ihrer Wünsche? Mitnichten! Noch kein Jahr war vergangen, da plagte Ansis' Frau die Unzufriedenheit noch mehr als einst in ihrem alten Häuslein, und sie traktierte den Mann mit ihren Launen. Einmal, mitten im Winter, sagte die Frau: »Noch heute wirst du zur Waldmutter gehen. Was ist schon dabei, daß sie uns zu Herrschaften gemacht hat! Gutsherren gibt es schließlich wie Sand am Meer. Ich aber will etwas, daß außer mir kein anderer Mensch besitzt!«

»Und das wäre?« wollte Ansis wissen.

»Ich will eine hölzerne Brücke, die vor meinem Haus direkt zur Sonne führt, damit ich mir auch im Winter vom Sonnenlicht den Rücken wärmen lassen kann.«

»Bist du närrisch geworden?« entsetzte sich Ansis. »Das kann die Waldmutter nie und nimmer zustande bringen!«

Aber die Frau brauchte ihn nur recht giftig anzusehen, da zog er brav seinen Pelz über und machte sich auf den Weg.

Draußen heulte der Wind, und es schneite so arg, daß Ansis kaum den Weg finden konnte. Lange irrte er im Wald umher, bis er plötzlich die Stimme der Waldmutter vernahm.

Hastig trug Ansis vor, was seine Frau ihm aufgetragen hatte.

»Eine hölzerne Brücke zur Sonne?« fragte die Waldmutter und schüttelte erschrocken den Kopf.

»Hast du mir nicht versprochen, alle meine Wünsche zu erfüllen?«

»Ja, das ist wahr. Doch meine Kräfte sind nicht zu allem fähig«, antwortete die Waldmutter. »Aber geh nur nach Hause, Ansis. Dort wirst du sehen, ob dein Wunsch erfüllbar ist.«

An seinem Gutshof angekommen, bot sich Ansis ein seltsamer Anblick. Balken türmten sich übereinander, eine Brücke wuchs bis zu den Wolken empor. Und ganz oben, o Schreck, kletterte sein närrisches Weib der Sonne entgegen. Höher und immer höher wurde die Brükke, schon reichte sie bis über das Meer. Doch je höher sie wurde, um so stärker begann sie zu wanken, und sie schwankte wie ein Peitschenstiel hin und her. Bald kam, was wohl kommen mußte: Mit Krach und Knall brach die Brücke auseinander und stürzte ins Meer.

Vor Schreck schloß Ansis die Augen. Als er sie nach einer Weile wieder aufschlug und um sich blickte, waren Brücke und Frau auf Nimmerwiedersehen verschwunden. Doch nicht nur sie! Auch das Gutshaus war wie vom Erdboden verschluckt, und an seiner Stelle stand wieder sein altes Haus.

Was nun? Ratlos irrte Ansis umher. Noch einmal lief er in den Wald, um an jenem Findling die Waldmutter zu erwarten.

In alle Himmelsrichtungen drangen seine Rufe, aber so sehr sich Ansis auch mühte – die Waldmutter blieb verschwunden. An die Bäume wandte er sich nun, um ihnen sein Leid zu klagen. Linde und Fichte, Wacholder und Espe wiegten vielsagend ihre Wipfel, säuselten dies, raschelten das. Aber Ansis konnte kein Wort verstehen. So oft er auch seine Stimme noch an die Bäume richtete – fremd und geheimnisvoll klang das Rauschen ihrer Blätter in seinen Ohren.

NARKISSOS

Die Narzisse erblüht, wenn der Frühling am freundlichsten ist. Schneeweiß leuchten dann ihre Blütenblätter, scharlachrot die kleine Krone; ihr Duft lockt die Schmetterlinge herbei. Eine stille Schönheit ist die Narzisse. Dennoch reckt sie ihren Blütenkopf nicht fröhlich der Sonne entgegen. Demütig neigt sie ihn vielmehr der Erde zu – als würde sie die traurige Geschichte kennen, die man in alter Zeit über ihre Herkunft erzählte.

Einst wurde dem Flußgott Kephisos und der Waldnymphe Leiriope ein Sohn geboren, an dem die Eltern schon bald ihre helle Freude hatten. Er erhielt den Namen Narkissos. Gesund und kräftig lag der Kleine in der Wiege, und die stolzen Eltern zeigten jedem ihr Kind.

»Wie rosig doch seine Wangen sind! So goldglänzend die Locken«, freute sich die Mutter wieder und wieder. Der Vater ergänzte: »Seht, wie klug seine blauen Augen blitzen! Seht diese hohe Stirn!« Selbst den Fischen im Fluß und den Vögeln im Wald erzählten sie von ihrem Kind, und alle mußten den kleinen Göttersohn bewundern. Bald sprach man landauf, landab von dem schönen Narkissos. Auf diese Weise kam die Kunde auch der schrecklichen Gorgo Medusa zu Ohr. Die Haut der Medusa war mit Schuppen besetzt, statt Haaren wuchsen Schlangen auf ihrem Kopf, und ihr Blick war so greulich, daß niemand ihn ertragen konnte. Gorgo Medusa hatte ebenfalls einen Sohn bekommen, und der war genau so häßlich wie sie. Es erfüllte sie deshalb mit großem Grimm, daß alle Welt die Schönheit des Narkissos lobte, während über ihren Sohn kein einziges Wort verloren wurde. Immer schlimmer wurde ihr Haß. Schließlich sprach sie über das schuldlose Kind des Kephisos und der Leiriope einen furchtbaren Fluch aus: »Strahlend schön, doch ohne Gefühl sollst du, Narkissos, durch die Welt gehen. Nur dich selbst sollst du lieben. Aber dereinst soll der Anblick deines Spiegelbildes dein Untergang sein!«

Als die Eltern des Narkissos dies vernahmen, gerieten sie in große Sorge. Alle Spiegel, die sich im Haus und in dessen Nähe befanden, ließen sie sogleich vernichten, und ängstlich behüteten sie ihr Kind.

Die Zeit verrann, und Narkissos wuchs zu einem Jüngling heran, dessen Anblick alle Herzen höher schlagen ließ. Zart, doch wohlgestaltet waren seine Glieder.

Bis auf die Schultern fielen ihm die goldenen Locken herab. Wie Musik klang seine Stimme, daß man ihm unentwegt zuhören mochte. Überdies war er klug und geschickt, und bei allen Spielen und Wettkämpfen konnte man Narkissos unter den Siegern sehen.

»Gibt es einen Jüngling unter der Sonne, der sich mit unserem Narkissos vergleichen kann?« pries der Vater mit stolzgeschwellter Brust seinen Sohn. Die Eltern verwöhnten und hätschelten den Jüngling nach besten Kräften. An den Fluch der Gorgo dachten sie kaum noch.

Auch unter den Knaben und Mädchen in seinem Alter fand Narkissos viel Anklang. die Mädchen machten ihm schöne Augen, und manches von ihnen verliebte sich in ihn. Die Jünglinge drängten sich in seine Nähe, und viele sehnten sich danach, Narkissos' Freund zu sein. Der aber wurde von Jahr zu Jahr verschlossener und eigensinniger. Den Blicken der Mädchen wich er einfach aus. An keines verschenkte er je sein Herz. Mit den Jünglingen vertrieb er sich zwar die Zeit, doch sobald ihm der Sinn nach etwas anderem stand, ließ er sie einfach stehen. Alle mußten ihm zu Diensten sein, er aber tat niemandem einen Gefallen. Und nie hatte er einen wirklichen Freund.

Mit den Jahren wurde die Jagd seine Lieblingsbeschäftigung. Einsam durchstreifte er unwegsame Gebirge und Wälder, folgte den Spuren von Hirsch und Eber und erlegte das Wild mit seinem Speer.

In jener Waldgegend wohnte eine junge Nymphe namens Echo. Sie war schöner als alle anderen Nymphen,

doch hatten die Götter ihr ein seltsames Schicksal bestimmt. Die Nymphe konnte nicht reden, wie es ihr Herz befahl. Sie vermochte nicht auszusprechen, was ihr auf der Zunge lag. Stattdessen mußte sie immer das wiederholen, was ein anderer eben gesprochen hatte.

Eines Tages nun hatte diese Waldnymphe den Jüngling Narkissos bei der Jagd gesehen. Sofort stand ihr Herz in Flammen. Von früh bis spät mußte sie nun an den schönen Jäger denken. Aus tausend Verstecken beobachtete sie ihn heimlich, und sie träumte davon, seine Frau zu sein.

Mehr als einmal hatte sie versucht, Narkissos anzusprechen. Doch immer wieder scheute sie zurück.

Eines Tages nahm sie aber allen Mut zusammen und näherte sich im Schatten der Bäume dem Jäger. Narkissos hörte den leichten Schritt ihrer Füße sogleich.

»He, ist da jemand?«

»Jemand!« gab Echo zurück.

»Dann zeige dich!« rief Narkissos.

»Zeige dich«, lautete die rätselhafte Antwort.

Narkissos wurde ärgerlich. »Willst du mich zum Narren halten? Komm zu mir!«

Dies nun war ein Wort ganz nach Echos Wunsch. »Komm zu mir!« wiederholte sie, und was bei Narkissos so barsch geklungen hatte, kam zärtlich aus Echos Mund.

Mit freudigem Lächeln trat die Schöne aus dem Dunkel und streckte Narkissos ihre Arme entgegen. Der aber stieß sie nur grob zurück und ging seiner Wege.

Von dieser Stunde an rührte die verzweifelte Nymphe

weder Trank noch Speise an. Ziellos irrte sie durch die Wälder. Immer schmaler und durchsichtiger wurde von Woche zu Woche ihr Körper. Am Ende blieb nur ihre Stimme übrig, das Echo, das noch heute in den Bergen zu hören ist.

Narkissos indes frönte unbekümmert seiner Jagdleidenschaft.

Einmal gelangte er in ein Tal, in welches er nie zuvor seinen Fuß gesetzt hatte. Hier entsprang zwischen den Wurzeln im Schatten mächtiger Bäume eine Quelle, deren Wasser sich in einem kleinen See sammelte.

Von der Hitze des Tages durstig geworden, beugte sich Narkissos zum Trinken nieder. Da sah er im Spiegel des stillen Gewässers ein Bild, das er nie zuvor erblickt hatte: Goldene Locken umrahmten ein rosiges Gesicht. Er sah die hohe Stirn, die schön geschwungenen Brauen, die leuchtenden Augen von dunklem Blau . . .

Narkissos war von seinem Spiegelbild so entzückt, daß er die ganze Welt um sich herum vergaß. Er spürte den Durst nicht mehr. Er hatte die Jagd vergessen. Immerzu betrachtete er wohlgefällig sein Bild und konnte sich einfach nicht sattsehen.

Bald überkam es ihn, das schöne Wesen im Wasser in seine Arme zu schließen und zu küssen. Doch wie er den Wasserspiegel berührte, verschwand das Bild, was Narkissos tieftraurig stimmte. Geduldig wartete er nun, bis sich die Wellen glätteten, um dann von neuem beglückt in die Betrachtung seines Spiegelbildes zu versinken. Tage und Wochen kauerte Narkissos so an dieser Quelle. Unterdessen waren seine besorgten Eltern mit vielen

Helfern aufgebrochen, um den Sohn zu suchen. Sie gingen durch alle Gebirge und Wälder. Schließlich kamen sie auch in das einsame Tal. Narkissos fanden sie nicht. Aber das Ufer des Sees war über und über mit Blüten bedeckt, wie sie bisher kein Mensch gesehen hatte.

Es wird erzählt, daß die Götter Mitleid mit dem unglücklichen Narkissos hatten und ihn deshalb in jene Blume verwandelten, die seither Narzisse genannt wird.

WIE DIONYSOS
DEN REBSTOCK BRACHTE

Dionysos war ein Sohn der schönäugigen Königstochter Semele und des Zeus, des blitzschleudernden Oberhauptes der Götter. Da Semele bei der Geburt des Kindes gestorben war, ließ Zeus den Knaben auf eine blühende Meeresinsel bringen, wo Nymphen ihn aufzogen und mit allem Reichtum von Wald und Flur verwöhnten.

Als Dionysos herangewachsen war, wurde ihm die Insel zu eng, und er entschloß sich, in die Welt zu gehen. Als Andenken von der Insel nahm er eine kleine Pflanze mit, deren wohlgeformte fünflappige Blätter ihm besonders gefielen.

Während er sich auf das Festland übersetzen ließ und

seine Wanderung begann, trug er das Pflänzchen sorgsam in der Hand. Aber bald schien die Sonne so heiß über Hellas, daß er einen anderen Schutz für das zarte Gebilde suchen mußte. Er fand einen hohlen Vogelknochen und steckte das Würzelchen, mit Erde versehen, hinein.

Unter der Obhut des Göttersohnes wuchs die Pflanze so rasch, daß der Vogelknochen bald zu eng wurde, und Dionysos mußte fürchten, sie könnte vertrocknen. Er sann auf Abhilfe. Und bald fand er am Wegrand einen Knochen, der von einem Löwen stammte, groß genug, die Pflanze aufzunehmen.

Es dauerte aber nicht lange, da hatte das Gewächs auch den Löwenknochen ausgefüllt. Unten ragte die Wurzel und oben üppiges Blätterwerk heraus. Also setzte er die Pflanze in einen starken Eselknochen.

Eines Tages gelangte Dionysos zum Hofe des Königs Ikarios. Obwohl sich der Jüngling nicht als Göttersohn zu erkennen gab, empfing der König ihn mit großer Freundlichkeit und gewährte ihm viele Tage Gastfreundschaft. Unterdessen wuchs und wuchs die Pflanze, schon war sie so groß geworden, daß Dionysos sie schwerlich hätte weitertragen können. Was lag näher, als sie dem gastlichen König zu schenken! Der König ließ das ansehnliche Gewächs in seinen Garten pflanzen; die drei Knochenhüllen, mit denen die Pflanze fest verwachsen war, beließ man an ihrem Ort, um die Wurzel nicht zu beschädigen.

Bald bildete die Pflanze kräftige neue Triebe, die sich ausbreiteten, sich an den Bäumen ringsum emporzogen.

Und als einige Jahre vergangen waren, hingen von den Reben schwere, dunkelrote Trauben herab. Man kostete die saftigen Beeren und war von ihrer Süße und von ihrem Wohlgeschmack entzückt.

König Ikarios gab Befehl, den Rebstock zu vermehren und in allen Gärten anzupflanzen. Bald trugen die Stöcke solche Mengen Trauben, daß man sie nicht mehr verzehren konnte. Um sie aber vor dem Verderben zu schützen, lagerte man die Früchte in tönerne Vorratsfässer ein, die in den kühlen Kellern des Königshauses standen.

Als ein Bediensteter eines Tages nach den Trauben schauen wollte, lief er erschrocken zurück, denn aus den Fässern war ein wildes Brausen und Brodeln zu vernehmen. Hatten sich etwa böse Geister der süßen Früchte bemächtigt? Der König wurde herbeigerufen, doch auch er wich von den unheimlichen Geräuschen zurück.

Viele Wochen später war das Brausen abgeklungen. Nun erst wagte man, die Faßdeckel zu lüften. Die rubinrote Flüssigkeit, die in den Fässern zu sehen war, schien allen verdächtig. Hatten die Geister ein gefährliches Gift hinterlassen? Niemand wagte, einen Trunk aus den Tongefäßen zu nehmen.

Es ergab sich, daß gerade in jenen Tagen ein Schwerverbrecher vom König zum Tode verurteilt worden war. Ihn, der sowieso sterben sollte, konnte man den Saft doch wohl probieren lassen. Der Herrscher ließ den Verurteilten bringen, und man reichte ihm einen Krug mit der roten Flüssigkeit.

Was blieb dem Armen anderes übrig? Er hob den

Krug zum Mund, trank und trank. Kaum hatte er ihn geleert, veränderte sich zur allgemeinen Verwunderung sein Mienenspiel – er lächelte. Und mehr noch! Er begann zu singen, fröhlich wie ein Vogel, als hätte er den Urteilsspruch des Königs vergessen.

Nun mußte er einen zweiten Krug leeren. Doch was war das! Jetzt wurde sein Blick grimmig, er rollte wütend mit den Augen, machte drohende Gebärden gegen seine Wächter, zerrte mit großer Kraft an seinen Fesseln und brüllte dabei wie ein Löwe.

Man flößte ihm einen dritten Krug ein. Wieder veränderte sich sein Wesen. Der Grimm verflog und machte einem dümmlichen Grinsen Platz. Er verdrehte die Augen, wackelte mit den Ohren, stolperte vor und zurück, wankte hin und her. Schließlich fiel er in ganzer Länge auf den Boden.

Er war eingeschlafen und ließ ein lautes Schnarchen vernehmen.

Dieses wunderliche Schauspiel versetzte König Ikarios in solch glänzende Laune, daß er dem Verurteilten die Strafe erließ. Dann kostete er selbst den roten Trank.

Schließlich schenkte er auch den anderen Hofleuten ein, achtete aber streng darauf, daß keiner mehr als einen Krug bekam. Bald saß man am Königshof in fröhlicher Runde beisammen, sang, tanzte und gedachte dankbar jenes Fremden, der dieses köstliche Geschenk gebracht hatte.

DER BIRNBAUM UND DER TOD

Ein alter Mann hatte drei Söhne, die ihr Brot seit langem in der Fremde verdienten. Wie der Mann nun gestorben war, kehrten die Söhne in ihr rumänisches Dorf zurück, um ihn gebührend zu betrauern. Sie aßen das Tränenbrot und tranken Branntwein mit den Nachbarn. Dann legten sie dem Toten einen Kreuzer zwischen die Lippen, trugen ihn zum Friedhof und begruben ihn unter lautem Wehklagen.

Anschließend wollten sie sich an die Aufteilung des Erbes machen, das aber war leichter gesagt als getan. Sie suchten und suchten, doch sie fanden fast nichts. Weder Geld noch Acker noch Vieh hatte ihnen der Vater hinterlassen. Das einzige Erbstück, neben der windschiefen Hütte, fanden sie schließlich an einem Wegrain weitab vom Dorfe: Ein Birnbaum war es, ein Birnbaum mit drei Ästen.

Was nun? Wie sollte man dieses Erbe gerecht teilen? Lange rätselten die Brüder.

»Am einfachsten ginge es mit einer Axt«, schlug der Älteste vor, denn er war Holzhauer und konnte mit solchem Werkzeug umgehen.

»Warum willst du das schöne Holz verderben«, widersprach der Mittlere, ein Schreiner. »Wir sollten den Baum mit einem sauberen Sägeschnitt teilen.«

Der Jüngste, Stan gerufen, war ein Hirte. Er sprach: »Eigentlich sollten wir den schönen Baum stehenlassen. Seht nur, er hat drei Äste, gerade einen für jeden von uns. Dem Ältesten soll der größte Ast gehören, dem Mittleren der mittlere, ich aber will den kleinsten nehmen. Laßt uns den Herbst abwarten, denn es wird eine gute Ernte geben. Dann mag jeder die Birnen von seinem Ast pflücken und auf dem Markt zu Geld machen.«

Stans Vorschlag gefiel allen. Und so warteten sie, beobachteten, wie der Baum Blüten trieb, wie der Wind hernach den weißen Flor von dannen trug, wie sich schließlich tausend winzige Birnlein zeigten, die immer dicker wurden und Farbe annahmen, gelb auf der einen, rot auf der anderen Seite. Es waren Früchte – nicht zu beschreiben! Man würde einen guten Preis für sie erzielen.

Damit sich nicht zu guter Letzt noch ungebetene Gäste an den köstlichen Birnen vergriffen, beschlossen die drei, bis zur Ernte Nacht für Nacht einer nach dem anderen unter dem Baum Wache zu halten. Den Anfang wollte der Älteste machen.

Als es nun dunkel geworden war, kamen zwei alte Männer den Weg entlang, »Samstag« und »Sonntag« wurden sie genannt, die beiden Heiligen, die damals oft auf der Erde herumgingen. Wer sie waren, sah ihnen freilich niemand an. Ihre Mäntel waren so fadenscheinig und mit Flicken besetzt, daß jedermann sie für Bettler halten mußte.

Trotz der Dunkelheit sah Sonntag die herrlichen Früchte leuchten, und ihm lief das Wasser im Mund zusammen.

»Zu gerne möchte ich ein paar von diesen Birnen essen«, sprach er zu Samstag. »Du bist der jüngere von uns, nicht wahr. Also geh zu diesem Menschen dort und bitte ihn, daß er dir deinen Hut mit Birnen füllt. Er wird dir den Wunsch gewiß nicht abschlagen.«

Samstag, der tatsächlich einen Tag jünger als Sonntag war, ging zum Birnbaum mit den drei Ästen, an dem der Älteste wachte.

»Guten Abend, Mensch«, sagte er.

»Ich danke Euch, alter Großvater. Was führt Euch hierher?«

»Wir sind zwei arme Leute, mein Kamerad und ich. Den ganzen Tag haben wir noch nichts zwischen die Zähne bekommen, wir können vor Hunger die Füße kaum noch voreinander setzen. Willst du nicht so gut sein, mir den Hut mit deinen Birnen zu füllen?«

»Warum sollte ich dir nichts geben, Alter«, sprach freundlich der Älteste. Samstag hielt seinen Hut auf, und mit beiden Händen pflückte ihm der Holzhauer die schönsten Früchte vom Baum.

Sonntag hatte alles aus der Entfernung mit angesehen. Wie Samstag nun zurückkehrte und ihm den vollen Hut zeigte, sprach Sonntag: Höre, von diesen Birnen können wir leider keine einzige essen. Dieser Mensch hat zwar den Wohltäter gespielt, doch die Birnen, die er dir gab, stahl er vom Ast seines Bruders.« Sonntag nahm den Hut und leerte ihn in großem Bogen in den Graben. Dann verschwanden die beiden.

Am darauffolgenden Tag hielt der mittlere Bruder Wache. Wieder kamen die beiden Alten des Wegs, und wieder mußte Samstag Birnen erbitten. Doch auch sie flogen in den Graben.

»Oh, wie gern würde ich wenigstens eine kosten«, sprach Sonntag ärgerlich. »Doch es sind schlechte Früchte, er hat sie vom Ast seines Bruders gestohlen.«

Nun war Stan an der Reihe, den Baum zu bewachen. Dem Samstag war es peinlich, schon wieder Birnen zu erbitten, als sie am Abend des Wegs kamen. Aber er war der Jüngere und mußte gehorchen. Also trat er an Stan heran.

»Was führt Euch so spät auf diesen Weg, Großvater?« fragte freundlich der Hirte.

»Ach, guter Junge, wir sind arm und haben den ganzen Tag noch nichts gegessen. Nun hat uns die Nacht überrascht. Mit leerem Magen schläft es sich schlecht, willst du uns nicht ein paar von deinen Birnen geben?«

»Weshalb fragst du? Mir hat der Baum die Birnen geschenkt, also gebe ich gern davon ab. Hier, nimm. Heute

Nacht soll Euch kein knurrender Magen beim Schlaf stören.«

Stan pflückte Birnen vom Baum und füllte sie dem Alten in seinen Hut. Dieser dankte vielmals. Dann ließen sich die beiden Alten am Wegrain nieder.

»Ja, die sind gut!« rief Sonntag, und er biß herzhaft in die erste Birne, daß ihn der süße Saft an seinem langen Bart heruntertropfte. Wie Wachs zergingen ihnen die Früchte im Mund, und rasch war der Hut geleert. Weil es so herrlich schmeckte, mußte Samstag nochmals zum Birnbaum gehen, um sich von Stan den Hut füllen zu lassen.

Die beiden Alten waren in bester Stimmung. Deshalb riefen sie nach einer Weile den Jüngling zu sich.

»Du hast ein gutes Herz, Bursche«, sprach Sonntag. »Sage uns ehrlich, was wünschst du dir Gutes auf dieser Welt? Überlege genau! Drei Wünsche wollen wir dir erfüllen.«

»Ich danke Euch, Großvater«, antwortete Stan und kratzte sich verlegen am Kopf. »Aber eigentlich fehlt mir nichts.«

»Nun sei kein Dummkopf und rede!« ermahnten die Alten. Stan legte die Stirn in Falten und dachte lange nach. Endlich sagte er: »Nun, wenn es unbedingt sein muß, wünsche ich folgendes: Ein Haus mit Stall und Feld und Scheune für mich und meine Brüder. Ein Mädchen – mit gutem Herz, das zu mir paßt. Und außerdem: Wer diesen Birnbaum besteigt, soll nur herunterkommen, wenn ich es mit meinem Wort erlaube. Das sind meine Wünsche.«

Während Stan redete, brummten die alten und schüttelten verwundert die Köpfe. Diese Wünsche, besonders der letzte, entsprachen nicht ihrem Geschmack. Aber versprochen ist versprochen. Sie versicherten Stan, daß alles in Erfüllung gehen würde, verabschiedeten sich und verschwanden in der Dunkelheit.

So wurden aus den drei armen Brüdern bald tüchtige und wohlhabende Bauersleute. Wie durch Zufall bekamen sie den schönsten Bauernhof des Dorfes, nachdem der Besitzer gestorben war, ohne einen Erben zu hinterlassen. Stan nahm ein armes Mädchen aus dem Nachbardorf zur Frau, das schön war wie der helle Tag und dessen Freundlichkeit alle Menschen um sie herum ebenso freundlich zu stimmen vermochte. Gemeinsam mit den Brüdern bewirtschafteten sie den Hof, säten und ernteten, hielten Kuh und Schaf und mancherlei Getier. Sie lebten so zufrieden, daß jedes Jahr nur drei Tage zu haben schien. Jahr um Jahr ging ins Land, schon färbten sich ihre Haare grau. Da geschah es, daß der Tod zum ersten Mal am Hoftor klopfte.

»Was willst du hier, Gevatterchen?« fragte der älteste Bruder, denn er ahnte, daß der Besuch ihm galt. »Zum Sterben habe ich heute keine Zeit. Muß noch Kraut ernten und den Garten graben. Also gedulde dich, geh einstweilen ins Haus, Stans Frau wird dir schöne fette Pogatschen braten. Nach dem Essen magst du mich meinetwegen mitnehmen.«

Der Älteste bat den Tod nur deshalb in die Küche, weil er sich selbst durch die Gartenpforte aus dem Staub machen wollte. Aber der knochendürre Kerl hatte keinen Appetit auf Pogatschen. Er winkte mit seiner hölzernen Sense, und der Älteste mußte Abschied nehmen.

Ein Jahr später klopfte der Tod erneut. Auch dem Mittleren kam er ungelegen, er versuchte, den Sensenmann zu einem Schnaps einzuladen, ihm auf diese Weise wenigstens ein paar Stündchen abzulisten. Der Tod aber hatte keinen Schnapsdurst an diesem Tag, so mußte auch der Mittlere jenen Weg gehen, den schon der Älteste gegangen war.

Eines Tages kam der Tod nun auch zu Stan, dem jüngsten Bruder. Wieder war es Herbst geworden. Stan saß mit seiner Frau auf der Bank unter dem Birnenbaum, und sie freuten sich an der reichen Ernte, die in diesem Jahr gewachsen war.

Als die Frau den Sensenmann erblickte, rückte sie ängstlich an ihren Stan heran.

»Oh, du kommst ungelegen«, grüßte er den Gevatter Tod. »Gerade sind unsere Birnen reif, schaut sie nur an! Wäre es nicht eine Schande, sie auf dem Baum umkommen zu lassen?« Buttergelb und prall von Saft schaukelten die Birnen an den Ästen.

»Prächtige Früchte, fürwahr«, antwortete der Tod, nachdem er sie von allen Seiten beäugt hatte. »Deshalb will ich eine Ausnahme machen und euch eine Stunde Zeit zum Pflücken schenken. Aber keine Minute mehr!«

So süß und würzig dufteten die Früchte, daß selbst der Tod Appetit bekam. Deshalb setzte er rasch hinzu. »Oder noch besser, ich pflücke sie selbst, dann geht es schneller.«

Er nahm den Korb, schwang sich in den Baum und pflückte ihn in Windeseile leer.

Nun wollte er absteigen. Aber was war das? Wie festgenagelt saß er in der Krone.

»Mensch, Mensch, hilf mir herunter!« Er schrie und fauchte, er tobte und schüttelte die Äste.

»Du sitzt recht gut da oben! Gibst eine feine Vogelscheuche ab!« lachte Stan.

Der Tod verlegte sich aufs Bitten.

»Lieber Stan, ich flehe dich an! Laß mich herunter, dann werde ich euch nie mehr behelligen. Bleibt auf der Welt, so lange es euch gefällt! Nur rasch, ich habe heut' noch schrecklich viel zu tun.«

Dieses Angebot wollte sich Stan nicht entgehen lassen. »Und du betrügst mich nicht?«

»Ich schwöre dir's bei Brot und Salz!«

Nun gut, Stan sprach ein Wort, so daß der Tod vom Birnbaum steigen konnte.

Und wahrhaftig, von diesem Tage an ließ er sich bei den beiden Alten nicht mehr sehen.

Stan und seine Frau lebten noch viele, viele Jahre in ruhigem Glück miteinander. Aber die Zeit ging auch an ihnen nicht spurlos vorbei. Allmählich wurden sie gebrechlich, ihr Augenlicht schwand, ihre Glieder wurden schwächer. Längst lagen ihre Bekannten und Freunde unter der Friedhofserde, auch ihre Kinder und sogar die Enkelkinder waren schon gestorben.

Als endlich auch der Birnbaum altersschwach verdorrte, sprach Stan zu seiner Frau: »Du, Frau, ich denke, wir haben nun lange genug gelebt.«

»Recht hast du«, antwortete sie. »Aber was sollen wir tun? Der Tod holt uns nicht.«

»Dann wollen wir zu ihm gehen.«

Die Frau nickte. Sie erhoben sich von ihren Stühlen, traten Hand in Hand aus dem Haus. Dann gingen sie mit kleinen Schritten, wie alte Leute sie eben machen, zufrieden in jene Richtung, in die auch die Brüder gegangen waren.

JACK UND DIE BOHNENLEITER

In einer kleinen Ortschaft fern von London lebte einst eine Witwe. Ihr Haus war ebenso armselig wie die anderen Häuser des Dorfes. Das einzige Glück ihres Lebens bestand darin, daß sie einen Sohn hatte, der kräftig und geschickt genug war, ihr bei allen Arbeiten in Feld, Stall und Garten zur Hand gehen zu können.

Jack, so hieß der Junge, pflügte das kleine Feld und grub den Garten, er molk die rote Kuh und trieb die weißen Schafe auf die Weide. Wenn ihm und der Mutter trotz allen Fleißes öfter die Butter auf dem Brot fehlte, manchmal auch das Stück Brot selbst, so lag es daran, daß sie wie alle Leute der Gegend einem unersättlichen Riesen, Lord Giant genannt, untertan waren. Von allem, was in Feld und Stall heranwuchs, holte sich dieser immer den besten Teil: die fettesten Schafe, das weißeste Mehl, die dicksten Krautköpfe. Das Schlimmste aber war, das mitunter sogar ein Mensch verschwand und niemals wieder gesehen wurde. Alle im Dorf lebten in ständiger Angst vor dem Riesen, niemand wagte, sich zu wehren, ja, man wußte nicht einmal, wo dieser Lord Giant seine Behausung hatte.

Nun geschah es, daß eine arge Trockenheit über das Land kam, und die Ernte sehr armselig ausfiel. Obwohl Jacks Mutter die Vorräte, so gut es eben ging, eingeteilt hatte, war bald das letzte Stäubchen Mehl verbacken. Auch Geld war keines mehr im Haus. Da sprach die Mutter: »Lieber Junge, was soll nun werden? Die weißen Hammel hat Lord Giant geholt. Nur die rote Kuh ist uns noch geblieben. Wenn wir nicht verhungern wollen, mußt du das arme Tier auf den Markt treiben und verkaufen.«

Die Mutter weinte. Auch Jack weinte. So gern hatten die beiden die rote Kuh. Aber was half's!

»Sieh zu, daß sie anständig bezahlt wird«, mahnte die Mutter. »Sei nicht so leichtsinnig und laß dich nicht übers Ohr hauen. Zwölf Pfund ist sie gewiß wert.«

»Was? Zwölf Pfund nur?« erwiderte Jack, um seine Mutter zu trösten. »Laß mich nur machen! Ich werde sie auf dem Markt so gut anpreisen, daß man mir sicher zwanzig Pfund geben wird!«

Am nächsten Morgen schnitt sich Jack eine Rute von der Hecke, dann holte er die rote Kuh aus dem Stall und trieb sie auf der Landstraße der Stadt entgegen. Jack hatte Zeit genug, sich auszumalen, was er mit dem vielen Geld anfangen würde, das er bei dem Handel herausschlagen wollte. Mehl konnte er kaufen, feines Mehl für Brot und Kuchen, außerdem ein buntes Tuch für die Mutter, neue Schüsseln, ein blankes Messer für sich selbst . . .

»Wohin des Weges, junger Mann?« Eine unbekannte Stimme riß Jack aus seinen Träumen. In zerschlissenem Kittel stand am Rande der Straße ein Alter. Neugierig musterte er Jack von oben bis unten.

»Ich will zum Markt, will dort meine rote Kuh verkaufen«, gab Jack bereitwillig Auskunft. »Vielleicht können wir den Rest des Weges gemeinsam gehen.«

Der Alte trat näher. Er war so klein, daß er dem Jungen kaum bis zur Schulter reichte, und seine hellen Augen strahlten freundlich, so daß Jack gleich Vertrauen zu ihm faßte.

»Nur nicht so eilig! Warum bis in die Stadt laufen?« sprach der Alte. »Deine Kuh gefällt mir. Ich kaufe sie dir auf der Stelle ab!«

»Hast du denn Geld? Schau dir die Rote nur gut an! Für dieses prächtige Tier bekomme ich auf dem Markt zwanzig Pfund, vielleicht noch mehr.«

Der Alte zog einen Lederbeutel unter dem Kittel hervor, öffnete ihn und ließ den Inhalt auf seine Hand gleiten. Es kamen wahrhaftig schwere Goldmünzen zum Vorschein.

Aber Jack achtete nicht auf das Geld, er sah nur die farbigen Bohnen, die zwischen den Goldstücken lagen. Was waren das auch für wundervolle Bohnen! Schwarzglänzend mit violetten Tupfen die einen, andere gelb gesprenkelt, die nächsten bronzerot.

Der Alte lächelte listig, als er Jacks große Augen sah. »Prächtige Bohnen, nicht wahr? Wenn du einverstanden bist, gebe ich dir fünf Stück für die rote Kuh. Wirst es gewiß nicht bereuen!«

Jack war vom Farbenspiel der Bohnen so betört, daß er alle Mahnungen seiner Mutter vergaß. Er nahm fünf Stück, die allerschönsten versteht sich, und gab dem Alten Stecken und Kuh. Dann nahm er eilig Abschied und lief nach Hause, um der Mutter von seinem prächtigen Tausch zu berichten.

Schon auf der Dorfstraße erzählte er jedem, der ihm über den Weg lief, von diesem Handel. Aber statt sich ebenfalls zu freuen, wie Jack es erwartete, schlugen alle nur die Hände vors Gesicht und lachten ihn lauthals aus. Nun kam Jack zur Mutter.

»Du bist schon zurück?« begrüßte sie ihn freudig. »Dann mußt du einen sehr guten Preis für die Kuh bekommen haben. Zwölf Pfund? Fünfzehn Pfund! Oder hast du wirklich zwanzig Pfund bekommen?«

Jack öffnete langsam die Hand, in der die bunten Samen schimmerten. »Liebe Mutter, Geld habe ich zwar nicht bekommen, dafür aber diese schönen Bohnen. Sind sie nicht prächtig!«

Jacks Mutter war eine gütige Frau, freundlich und voller Geduld. Jetzt aber, als sie statt des dringend benötigten Geldes nur diese bunten Bohnen sah, wurde sie ganz rot vor Zorn.

»Für diese lumpigen Dinger hast du unsere Kuh vertan! Oh, du Nichtsnutz, du Dummkopf! Wovon sollen wir nun leben?« Ohne Jack Gelegenheit zu weiteren Erklärungen zu geben, nahm sie die Bohnen, öffnete das Fenster und warf sie wütend hinaus. Ihren Sohn aber stieß sie in seine Kammer. »Ins Bett mit dir! Und denke nicht, daß es heute noch etwas zu essen gibt!«

Jack verstand die Welt nicht mehr. Er legte sich auf sein Bett und vergrub weinend den Kopf im Kissen. Sein Magen knurrte unentwegt, noch mehr bedrückte es ihn aber, daß er der Mutter solchen Kummer bereitet hatte. Lange lag er grübelnd im Bett, bis ihn endlich der Schlaf übermannte.

Die Sonne schien schon hell, als Jack vom Hunger geweckt wurde. Verwundert sah er sich in seiner Kammer um. Was war das? Stuhl und Bett und Schrank standen zwar an ihrem Fleck, doch alles schien irgendwie verändert zu sein. Das Zimmer war in ein seltsam grünes Licht getaucht.

Jack stieg aus dem Bett, lief zum Fenster, um der Sache auf den Grund zu gehen. Welcher Anblick sich da seinen Augen bot! Ein Gewirr von Blättern und feuerroten Blüten rankte an seinem Fenster empor. Oder narrte ihn nur ein Traum? Aber nein! Jack konnte die Blätter anfassen. Es waren Bohnenblätter!

Da fiel ihm alles ein, was am Vortag geschehen war. Er sah den kleinen Alten mit den freundlichen, hellen Augen, sah seine zornige Mutter, wie sie die Bohnen aus dem Fenster warf.

Rasch sprang Jack in Hemd und Hose und lief hinaus in den Garten. Genau an jener Stelle, an der die Samen zu Boden gefallen waren, hatten sich über Nacht mächtige grüne Stengel mit üppigem Blattwerk emporgerankt. Schon wucherten sie an der Hauswand zum Dach empor, umschlangen die Esse und wuchsen von da aus geradewegs in den Himmel.

Das Herz des Jungen klopfte freudig. Also hatte er doch einen besseren Tausch gemacht, als die Mutter und die anderen wahrhaben wollten! Gewiß hatte es der Alte gut mit ihm gemeint.

Zögernd ergriff Jack einen der armstarken Bohnenstengel, um auszuprobieren, ob dieser sein Gewicht aushalten würde.

Der Stengel war fest genug, und Jack konnte in dem grünen Gerank wie auf einer Strickleiter klettern. Wohin mochte die Bohnenleiter führen? Was verbarg sich über den Wolken? Dies zu erkunden, reizte Jack so mächtig, daß er, ohne sich von seiner Mutter verabschiedet zu haben, höher und immer höher kletterte.

Nachdem er ein tüchtiges Stück gestiegen war, hielt er inne, um sich auszuruhen. Fast wurde ihm schwindlig, als er zufällig auf die Erde hinunter blickte, wo winzigklein sein Dorf lag. Der Bach erschien ihm wie ein Bindfaden, der Teich wie ein Pennystück, die Felder wie ein bunter Flickenteppich.

Schon kletterte Jack weiter. Nicht lange, da hüllte ihn eine Wolke ein und nahm ihm das Licht. Ein kräftiger Wind ließ die Bohnenstauden wanken und schwanken. Aber der Junge fürchtete sich nicht. Er nahm alle Kraft zusammen, und so erreichte er nach geraumer Zeit das Ende der Bohnenleiter.

Wie Jack sich nun umschaute, stellte er fest, daß er sich in einem unbekannten Land befand. Öde und menschenleer, glich es einer Wüste. Kein Baum grünte, kein Vogel sang, nur Sand und Stein, so weit die Augen reichten. Jack setzte sich auf einen großen Felsblock. Wieder quälte ihn der Hunger, den er während des Aufstieges fast vergessen hatte. Auch mußte er an seine Mutter denken, und es wurde ihm bang in seinem Herzen. Sollte er umkehren?

Nachdem der Junge eine Weile so gesessen hatte, raffte er all seinen Mut zusammen und brach auf, die Umgebung in Augenschein zu nehmen. Ganz in der Nähe entdeckte er eine schnurgerade Straße, die von einer Seite des Horizonts zur anderen Seite des Horizonts führte. In welche Richtung sollte er gehen? Er zählte an seinen Hemdknöpfen ab, dann wanderte er nach Sonnenuntergang, wo er nach einiger Zeit ein mächtiges Gutshaus entdeckte.

Das Haus hatte hohe Giebel, einen gewaltigen Schlot und eine riesengroße Tür. Obgleich Jack beim Anblick dieses Baues ein Schauder über den Rücken lief, klopfte er an die Tür. Es trat eine Frau heraus, die gut zu dem riesigen Haus paßte.

»He, Bengel, was suchst du hier?« rief sie mit dröhnender Stimme. »Weißt du nicht, daß in diesem Haus mein Sohn, der grausame Lord Giant, wohnt? Zarte Bürschchen wie du sind seine Lieblingsspeise, also verschwinde von hier, wenn dir dein Leben lieb ist!«

Als Jack dies hörte, zitterten seine Knie nicht schlecht. Dennoch ließ er sich von der Mutter des Rie-

sen Giant nicht abwimmeln. Er sprach: »Gewiß kein Vergnügen, von deinem Herrn Sohn verspeist zu werden. Aber ist es etwa angenehmer, in dieser Wüste zu verhungern? Mein Magen ist so leer, daß er schon Purzelbäume schlägt. Darum bitte ich dich um ein kleines Abendbrot.«

Gottlob hatte die Mutter des Riesen kein Herz aus Stein. Sie legte die Hand an ihre Stirn und hielt nach allen Seiten Ausschau, ob auch Lord Giant nicht käme. Dann zog sie Jack eilig ins Haus. Durch eine dunkle Halle führte ihr Weg, über Treppen und Gänge, bis sie zuletzt in eine geräumige Küche kamen. Hier brannte im offenen Herd ein Feuer, über dem drei Kälber auf Spießen steckten. Milch und Brot bekam Jack gereicht. Es war eine derart große Portion, daß man zu Hause gut und gerne eine Woche davon gezehrt hätte. Aber Jacks Hunger war so groß, daß er alles im Handumdrehen verspeiste.

Kaum hatte Jack den letzten Bissen im Magen, vernahm er ein fürchterlich klingendes Geräusch. »Wumm, wumm, wumm!« Lord Giant warf seine Keulen hinter die Tür. Dann näherten sich schwere Schritte, von denen die Wände erzitterten.

Jack konnte vor Schreck keinen Finger rühren. Aber die Mutter des Riesen packte ihn geistesgegenwärtig am Hosenbund und schob ihn flink in den Backofen, der zum Glück nicht angeheizt war.

Im selben Augenblick polterte der Riese in die Küche.

»He, Alte! Essen, Trinken, aber hurtig!« befahl er und ließ sich donnernd auf seinen Stuhl fallen. Die Mutter mußte sich vor ihm hinknien und ihm mit vielem Ächzen die Stiefel von den Füßen ziehen. Dann klapperte Geschirr, und wenig später war nur noch das Schmatzen und Schlürfen des Riesen zu hören.

Gar zu gern wollte Jack den Unhold mit eigenen Augen besehen. Also hob er den Riegel und öffnete, einen winzigen Spalt nur, die Ofentür.

Aber das genügte schon! Es war ein schlimmes Bild, das sich Jack zeigte. Mit gierigen Bissen verschlang der Riese die Kälber. Bald waren von ihnen nur noch blutige Knochen übrig.

Lord Giant erhob sich von seinem Platz, schien aber noch immer nicht satt zu sein. Er hob die Nase, schnüffelte nach rechts, schnüffelte nach links. Dann rief er mit unheimlicher Stimme: »Ich rieche, rieche Menschenfleisch!«

»Ach was, du hast noch den Geruch jener Leute in der Nase, von denen du die drei Kälber geholt hast«, versuchte die Mutter, den Vielfraß zu beruhigen. Aber der Riese suchte weiter. Schnüffelte in diese Ecke, schnüffelte in jene Ecke. Immer näher kam er dem Backofen. Jack schloß die Augen.

Da sprach die Riesenfrau: »Hast du vergessen, daß heute Montag ist? Du mußt dein Geld zählen. Warte, ich hol es dir her!« Sie stellte drei Beutel mit Geld auf den Tisch. Sogleich kam der Riese herbei, denn Geldzählen war eine seiner Lieblingsbeschäftigungen. Er kippte die Beutel aus, wühlte mit beiden Händen in dem Geld herum, dann stellte er die Münzen zu glänzenden Türmen auf. So saß er geraume Zeit mit zufriedenem

Gesicht, bis ihm der Kopf schließlich auf die Brust sank und gewaltiges Schnarchen den Raum erfüllte.

»Jetzt oder nie!« sagte sich Jack und sprang flink aus dem Ofen. Als er sah, daß die Riesenfrau nicht in der Nähe war, füllte er sich sämtliche Taschen mit Goldstücken und verließ das Haus auf leisen Sohlen.

Er kam auf der schnurgeraden Straße unbehelligt zu seiner Bohnenleiter. Wie er nun beim Hinabklettern war, geschah es, daß ihm auf halber Höhe von der ungewohnten Geldlast eine Hosentasche platzte. Da fielen die blanken Münzen herab, geradewegs in den Garten, wo Jacks Mutter Unkraut jätete.

Sie staunte nicht schlecht über den unerwarteten Goldregen. Noch mehr aber freute sie sich, als wenig später ihr Sohn vom Himmel herabstieg und ihr noch das Geld aus der anderen Tasche überreichte.

Die Mutter verzieh im selbstredend alles. Mit dem Gold aus dem Hause des bösen Riesen konnten sich die beiden nun viele Wünsche erfüllen und litten keinen Hunger mehr.

So gingen Tage, Wochen, Monate dahin. Die Blätter der Bohnenstaude bekamen gelbe Ränder, und Jack spürte große Lust, erneut hinaufzusteigen.

Zwar gab sich die Mutter jede erdenkliche Mühe, ihn von dem gefährlichen Plan abzubringen, doch vergebens. Eines schönen Tages schwang sich Jack vom Dachfenster in das Bohnengerank, stieg höher und immer höher, bis er wieder zu jener schnurgeraden Straße kam, die von einer Seite des Horizonts zur anderen führte.

Diesmal wandte er sich in Richtung des Sonnenaufganges. Er lief Stunde um Stunde auf dem unbekannten Weg.

Wie wunderte er sich, als er schließlich doch wieder Lord Giants Haus vor sich erblickte.

Diesmal mußte er nicht anklopfen, die Mutter des Riesen stand schon in der Tür, als hätte sie ihn erwartet.

»Ich grüße dich«, rief Jack, »und wünsche einen schönen Tag!«

»Oh, du Taugenichts«, entgegnete die Riesenmutter mit finsterem Gesicht. »Seit du hier gewesen bist, habe ich keinen schönen Tag mehr erlebt. Sieh nur die vielen blauen Flecke! Mein Sohn hat mich verprügelt, weil ihm ein Teil seines Geldes abhanden gekommen ist.«

»Nein, so etwas! Wer soll dem braven Mann das Geld gestohlen haben?« fragte Jack und zeigte ein verwundertes Gesicht.

»Ich dachte, du könntest es mir sagen?« brummte die Frau.

»Mag schon sein. Aber laß mich erst in dein Haus und gib mir eine Kleinigkeit zu essen. Vielleicht kann ich dir dann etwas erzählen.«

Wieder ließ sich die Riesin von Jack überreden. Sie führte ihn in die Küche, wo diesmal ein fetter Ochse am Spieß brutzelte, und stellte dem Jungen Brot und Milch auf den Tisch.

Jack hatte eben zu Essen begonnen, da erzitterte das Haus von mächtigen Schlägen. »Wumm, wumm, wumm!« Der Riese kam nach Hause.

»Schnell in den Ofen«, rief die Frau. Aber diesmal

hatte Jack den Weg allein gefunden; schon saß er in seinem finsteren Versteck.

Der Riese kam herein und schrie wie gewöhnlich nach seinem Abendessen. Seine Mutter trug den Ochsen auf, stellte eine Whiskyflasche dazu und große Kannen, vollgefüllt mit dunklem Bier. Der Riese aß mit gräßlichem Schmatzen. Nachdem er den ärgsten Hunger gestillt hatte, vernahm Jack wieder jene Worte, die ihn schon einmal mit kalter Angst erfüllt hatten. »Ich rieche, rieche Menschenfleisch«, sagte Lord Giant und rumorte durch die Küche. Er öffnete sämtliche Schränke, schaute in jeden Topf, kroch sogar unter die Ofenbank. Bald hörte Jack das Schnüffeln ganz in seiner Nähe, und schon sah er die haarigen Finger des Unholds am Ofenriegel. Der Junge wünschte sich in seiner Angst tausendmal, die Ratschläge der Mutter befolgt zu haben.

»He, Freßwanst, wie soll es denn hier nach Menschenfleisch riechen?« hörte Jack im selben Augenblick die Stimme der Riesenfrau. »Hast ja seit Tagen keins mitgebracht. Wird der Geruch des Bauern sein, bei dem du vorige Nacht den Ochsen eingesackt hast. Also laß das unnütze Suchen. Denke lieber daran, daß heute Samstag ist.«

Schwupp, war die Hand des Riesen vom Backofen verschwunden, und Jack konnte aufatmen. – Lord Giant eilte jetzt hinaus und kam wenig später mit einer grauen Henne zurück, die er behutsam auf den Tisch setzte. Es war eine Zauberhenne, die einmal in der Woche – und zwar samstags – ein goldenes Ei legte.

Die Augen des Riesen leuchteten gierig. »Na, los

schon, leg! Her mit dem Goldei, oder ich werd' dir den Hals umdrehen!« Es dauerte eine ganze Weile, dann hockte sich die Henne nieder, gackerte mehrmals, bis endlich das goldene Ei unter ihren Federn glänzte.

Zufrieden nahm es der Riese in die Hand und prüfte sein Gewicht. Dann rollte er es auf der Tischplatte hin und her, was ihm sichtliches Vergnügen bereitete. Am Ende übermannte ihn aber die Müdigkeit, und er schlief im Sitzen ein.

Jetzt oder nie, dachte Jack, der durch die Ofenritze alles beobachtet hatte. Er kletterte aus dem rußigen Loch. Da aber stand die Riesenfrau vor ihm.

»Wolltest du mir nicht etwas erzählen?«

»Ja doch«, sagte Jack. »Aber meine Kehle ist in dem Ofen ganz trocken geworden. Lauf rasch zum Brunnen und hol mir einen Trunk frischen Wassers, dann will ich schon reden.«

Wie man sich denken kann, hatte Jack wenig Lust, die graue Zauberhenne dem bösen Riesen zu überlassen. Kaum war des Riesen Mutter hinaus, packte er das Tier an den Flügeln, um sich rasch aus dem Staube zu machen. Doch die Henne begann angstvoll zu spektakeln, und schon war Lord Giant am Erwachen. Aber Jack hielt dem Vogel den Schnabel zu und lief so schnell die Füße ihn trugen zur schnurgeraden Straße, von dort kletterte er auf der wohlbekannten Leiter hinunter in sein Dorf.

Waren schon die Goldstücke ein hübsches Geschenk für Jacks Mutter gewesen – die Zauberhenne war es erst recht. Denn Woche für Woche kam nun ein gutes Stück

Gold ins Haus. Es reichte für sie beide und für die Nachbarn auch.

Obwohl alle Sorgen um das tägliche Brot damit vergessen waren, konnte Jack keine Ruhe finden. Noch immer trieb ja Lord Giant sein Unwesen, und auch für Jack war er eine große Gefahr.

Die Bohnenstauden waren inzwischen welk und gelb geworden, warfen ihre Blätter ab. Aber noch immer lockte die leicht schwankende Leiter den Jungen zum Klettern.

Wieder wagte Jack einen Aufstieg.

Er kam zur schnurgeraden Straße, hielt es aber für geraten, sich dieses Mal von hinten an des Riesen Haus heranzuschleichen. Und das war gut so. In der Tür stand nämlich die Riesenfrau und hielt einen schweren Knüppel in der Hand. Ihrem Gesicht war anzusehen, daß sie Jack diesmal gewiß nicht mit Milch und Brot empfangen würde.

Der Junge schlich zur hinteren Seite des Hauses. Er fand die Hoftür nur verriegelt, so daß er unbemerkt ins Innere gelangen konnte. In der Küche schmorten etliche Hammel über dem Feuer. Also würde der Riese bald erscheinen. Jack schaute sich um, wo er sich verstecken konnte. Wieder im Backofen? Unterm Tisch? Im Kochkessel? Nein, nein! Am besten, ich verstecke mich gar nicht, dachte Jack, und er stellte sich in die Nische neben der Tür.

»Wumm, wumm, wumm!« Wieder erbebten die Wände. Erst stampfte der Riese herein, hinterdrein kam seine Mutter.

»He, Alte, hast du das Haus auch so bewacht, wie ich es dir befohlen habe?« wollte der Riese wissen.

»Nicht mal eine Maus wäre mir entgangen«, versicherte die Frau.

Aber der Riese schüttelte wild seinen Kopf. »Du lügst! Ich rieche, rieche Menschenfleisch!«

»Dann wollen wir diesmal gemeinsam suchen! Sollte sich der Bursche, der unser Geld und unsere Henne gestohlen hat, unter meinen Augen eingeschlichen haben, weiß ich wohl, wo er zu finden ist.«

Sie riß sogleich die Tür des Backofens auf. Erst schaute ihr Sohn, dann schaute sie selbst hinein. Aber umsonst! Sie durchsuchten jeden Winkel, stürzten Tisch und Bänke um, durchwühlten sogar die Asche im Herd. Den Jungen aber, der reglos neben der Tür stand, übersahen sie in ihrem blinden Eifer.

Mißmutig machte sich der Riese über sein Essen her, aber auch die üppige Mahlzeit konnte seine Laune nicht bessern.

»Alte, hol mir die Zauberfiedel her! Vielleicht wird mich die Musik ein wenig aufheitern«, befahl er der Mutter.

Die Zauberfiedel sah wie eine gewöhnliche Geige aus. Aber Lord Giant brauchte nur mit der Hand über die Saiten zu streichen, da spielte sie von allein, und das ganze Haus war von ihrem Klang erfüllt. Sie spielte unzählige Weisen, eine herrlicher als die andere. Der Riese lehnte sich zufrieden zurück, nickte aber bald ein. Als dann auch die Riesenmutter eingeschlummert war, verstummte die Zauberfiedel.

Auf Zehenspitzen schlich Jack an den Tisch heran. Vorsichtig griff er nach der Fiedel. Da aber gab das Instrument einen schrillen Klang von sich. Jack nahm die Fiedel und lief mit langen Schritten aus dem Haus. Doch der Riese war erwacht und rannte mit mächtigen Sätzen hinterdrein. Auf der schnurgeraden Straße kam er dank seiner langen Beine sehr nahe an Jack heran. Da er aber so vollgefressen war, ging ihm alsbald die Puste aus, so daß der Junge mit einem sicheren Vorsprung zur Bohnenleiter kam. Er klemmte die Fiedel unter den Arm und ließ sich so rasch er konnte hinab. Aber noch hatte er keinen festen Boden unter den Füßen, als die Leiter gewaltig zu schwanken begann. Jack schaute nach oben.

Oh, Schreck, nun hatte der Riese die Leiter entdeckt und versuchte, ihn herunterzuschütteln.

Mit einem mutigen Satz landete der Junge im Garten.

Im gleichen Moment war Lord Giant auf die Leiter gestiegen, um Jack zu folgen. Der Junge konnte gerade noch einen Sprung zur Seite machen – die Bohnenleiter war unter dem Gewicht des Riesen gerissen, ein mächtiger Schlag ließ die Erde erbeben. Dort, wo der Unhold zu Boden gestürzt war, sah man nichts außer einer ziemlich tiefen Grube.

Rasch rief Jack die Leute aus dem Dorf zusammen, und gemeinsam schütteten sie das Loch zu, in dem Lord Giant begraben lag. Dann holte der Junge die Fiedel herbei, strich über ihre Saiten, und alle hörten die wundervolle Musik.

DIE KARDENDISTELN DES ARMEN JUSSUF

Viel Sand hat der Wind aus der Wüste geweht, und viel mehr noch hat er hineingeblasen, seit sich diese Geschichte zugetragen hat. – In eine Stadt am Rande der Wüste kamen einmal drei Wanderer, die von langer Reise erschöpft waren. Sie sahen an der Straße zwei Häuser stehen, das eine geräumig und mit viel Zierat versehen, mit schattigen Innenhöfen, Dachgärten, zahlreichen Speichern und Stallungen, das andere hingegen klein und von ärmlichem Aussehen.

Als die Wanderer vor dem reichen Haus standen, ließen sie den Besitzer rufen und sprachen zu ihm: »Oh, Herr des Hauses, nimm uns eine Weile bei dir auf. Sieh, unsere Sandalen sind zerrissen und unsere Kehlen schmerzen vor Durst. Wir haben keinen Piaster für eine Herberge, wenn du uns nicht hilfst, müssen wir im Staub der Straße übernachten.«

Der Hausherr musterte die staubigen Gestalten mißtrauisch, dann erwiderte er: »Ihr kommt ungelegen, denn ich habe das Haus voller Gäste, mit denen ich morgen zur Gazellenjagd reiten will. Seht, daß ihr anderswo ein Unterkommen findet.«

»Wohltäter, wir können auch im Speicher schlafen«, flehten die Wanderer.

Aber der Reiche ließ nicht mit sich reden. »Wo denkt ihr hin, meine Speicher und Scheunen sind bis zur Dekke mit Vorräten gefüllt. Ich kann euch nicht helfen, so gerne ich es auch täte. Doch damit ihr meine Großzügigkeit kennenlernt, werde ich euch ein Abendessen bringen lassen.«

Nach langem Warten bekamen die Wanderer ein altbackenes Fladenbrot, an dem hatten aber schon die Ratten ihre Zähne gewetzt. Traurig liefen die Fremden weiter, klopften schließlich an die Tür des armseligen Hauses, das auf der anderen Straßenseite stand.

»Herr des Hauses, nimm uns für eine Weile bei dir auf«, begannen die drei wieder. »Unsere Sandalen sind zerrissen . . .«

Sie brauchten gar nicht auszureden. Jussuf, der das Haus mit seiner Frau bewohnte, sprach sogleich: »Tretet ein, ihr Fremdlinge, mein Dach soll auch das eure sein. Gewiß wollt ihr euch erfrischen, meine Frau wird Wasser holen.«

Zwar waren nur Brot und trockene Datteln im Haus,

aber Jussuf teilte alles gerecht, so daß keiner hungrig bleiben mußte. Als es nun dunkelte und die Zeit zum Schlafen kam, sprach die Frau zu Jussuf: »Unsere Gäste sehen aus, als hätten sie seit Wochen kein gutes Nachtlager mehr gesehen. Sie sollen deshalb in unseren Betten schlafen, wir aber nehmen mit dem Fußboden vorlieb.«

Die Fremden hoben die Hände, von diesem Angebot wollten sie nichts wissen. Aber nichts da, Jussuf und seine Frau bestanden darauf, daß die Gäste im Bett schliefen. Und wie sie schliefen!

Anderntags kratzte Jussuf die letzten Piaster zusammen und schickte seine Frau auf den Basar, denn sie wollten die Fremden nach besten Kräften bewirten. Hammelbraten mit Pflaumen und Honig setzte die Hausfrau zum Mittag auf den Tisch, ein solches Mahl hatten Gäste wie Gastgeber seit langem nicht mehr auf der Zunge gehabt. Am nächsten Tag bereitete sie Fladen aus Bierteig und buk sie in gutem Öl knusprigbraun. Am dritten Tag aber klimperte in Jussufs Beutel keine Münze mehr, und zum Frühstück kamen zu seinem Bedauern nur noch ein paar trockene Brotkanten auf den Tisch.

Da sprachen die Fremden: »Habt Dank, ihr guten Leute, daß wir uns in eurem Hause stärken durften. Nun wollen wir euch nicht länger zur Last fallen.« Viele freundliche Wünsche folgten noch, dann gingen die Wanderer ihres Weges.

Eines fernen Tages zog eine überaus prachtvolle Karawane in die Stadt ein. Langsam und erhaben bewegte sich der Zug durch ihre Straßen. Wie blinkten die Messingnieten, mit denen die Pferdegeschirre verziert waren, wie leuchtete das bunte Zaumzeug der stattlichen Kamele! Voran aber drei schwarze Araberhengste, deren Reiter in golddurchwirkte Burnusse gehüllt waren und kunstvolle Turbane auf dem Kopf trugen.

Die Bewohner der kleinen Stadt eilten aus ihren Häusern, rissen Mund und Augen auf. Wie sie aber erst staunten, als die glanzvolle Karawane ausgerechnet vor der Tür des armen Jussuf hielt! Die Männer sprangen von ihren Pferden und traten in das Haus. Jussuf und seine Frau waren von diesem Anblick so überrascht, daß sie den Gruß der Männer kaum zu erwidern vermochten.

»Erkennst du uns nicht, Freund?« fragten die Fremden. »Wir sind gekommen, um dir für die Gastfreundschaft zu danken, die du uns erwiesen hast.«

Da endlich dämmerte es Jussuf. Rasch brachte er Wasser zur Erfrischung, und seine Frau richtete einen Imbiß her.

Die Besucher stärkten sich und plauderten geraume Weile mit Jussuf und seiner Frau. Als die Zeit des Aufbruchs nahte, holte einer der drei Fremden einen seidenen Beutel hervor und sprach: »Sieh, Jussuf, dieser Beutel ist unser Geschenk für dich. Es sind keine Goldstükke, sondern nur Samenkörner darin, glänzende Samenkörner. Bestelle deinen Acker damit, Jussuf, und wenn du deinen Verstand zu gebrauchen weißt, wirst du mit Allahs Hilfe dein Glück machen.«

Jussuf war viel zu verwirrt, um sich genauer nach dem Samen erkundigen zu können. – Schon bestiegen die

Fremden ihre Pferde, die Karawane setzte sich in Bewegung, verließ die Stadt.

Kaum hatte Jussuf ein wenig Atem geschöpft, da erschien sein reicher Nachbar bei ihm, und die pure Neugier stand in seinem Gesicht. »Was wollten diese vornehmen Herren von dir? Sprich, lieber Jussuf, welche Geschäfte treibst du mit ihnen?«

In seiner Gutmütigkeit erzählte Jussuf alles haargenau und vergaß auch nicht, das Geschenk zu erwähnen. Als der reiche Nachbar davon hörte, blitzte es in seinen Augen zornig auf. »Wie? Und mich haben sie vergessen? Dabei habe ich ihnen doch auch Wohltaten erwiesen, als sie an meine Tür klopften. So ein Undank! Was soll ich tun? Ach, ich will ihnen rasch nachreiten und sie an ihr Versäumnis erinnern!«

Sofort ließ er ein Pferd satteln und galoppierte mit ihm in jene Richtung, in die die Karawane verschwunden war.

Nicht lange, da hatte er sie eingeholt. Sogleich überschüttete er die drei Reiter mit einem Schwall honigsüßer Worte, um ebenfalls ein Geschenk von ihnen zu bekommen.

Die drei verstanden, und sie besannen sich nicht lange. »Nimm hin, zum Dank für deine Gastfreundschaft!« riefen sie und reichten ihm einen seidenen Beutel, der dem Jussufs auf das Haar glich. Der Reiche ergriff ihn begierig, wendete sein Pferd und ritt glückstrahlend zurück in die Stadt. Noch am selben Tag mußten seine Knechte das beste Feld für die Aussaat herrichten. Sie pflügten und bewässerten es, dann säten sie den

Samen aus dem seidenen Beutel. Fortan ritt der reiche Nachbar jeden Morgen zu dem Acker, um nach dem Rechten zu sehen. Auch ließ er Wachen aufstellen, damit sich niemand an dem frisch bestellten Acker vergreife.

Nach etlichen Wochen keimte die Saat, und schon bald reckten sich ansehnliche Pflänzchen zum Licht, doch ihre Stengel und Blätter zeigten feine Stacheln . . . Wie vom Blitz getroffen stand der reiche Nachbar an jenem Tag da, als man ihm meldete, daß die Pflanzen auf seinem Feld ganz gewöhnliche Disteln seien.

Jussuf war in all der Zeit ohne Eile an die Arbeit gegangen, hatte seinen kleinen Acker mit Sorgfalt bestellt und dann gewartet. Nach Wochen hatte sich auf seinem Feld junges Grün gezeigt; inzwischen waren daraus kleine Pflänzchen, aus den Pflänzchen mannshohe Pflanzen gewachsen.

Doch nun mußte auch Jussuf feststellen, daß es Disteln waren, die auf seinem Feld wuchsen, allerdings eine Art, die er noch nie gesehen hatte: Dicke rote Blütenköpfe saßen auf hohen Stengeln, die sich bald darauf in feste, mit tausenden stachligen Häkchen besetzte Bürsten verwandelten.

Jussuf war bitter enttäuscht und niedergeschlagen. Immer wieder fragte er sich: »Womit habe ich das verdient? Weshalb straft Allah auch mich mit solchem Unkraut?«

Da erschienen ihm eines Nachts im Traum jene drei Fremden, die ihm den Samen geschenkt hatten, und sie sprachen zu ihm: »Warum bist du so verzweifelt, Jus-

suf? Sind die Disteln auf deinem Feld nicht wunderschön? Schau sie genau an, es sind Kardendisteln. Pflücke morgen einen Korb voll davon und trage ihn hinauf in die Berge, wo die Schafhirten mit ihren Herden sind. Wenn du dich dort aufmerksam umschaust, wirst du feststellen, daß deine Disteln nicht nur schön, sondern überdies sehr nützlich sind. Und dann wird geschehen, was wir dir vorausgesagt haben!«

Am nächsten Tag tat Jussuf alles genau so, wie er es im

Traum vernommen hatte. Er schnitt Disteln, brachte sie in die nächstgelegene Ansiedlung in den Bergen. Dort saßen Frauen beisammen, die mit den Fingern Schafwolle zupften – eine mühsame Arbeit, die indes der Reinigung der Wolle diente. Jussuf kam, als er die Frauen so sah, eine Erleuchtung. Rasch verteilte er einige seiner Distelbürsten unter die Frauen, dann zeigte er ihnen, wie sie sich die Arbeit mit diesem Werkzeug erleichtern konnten.

»Dich hat uns Allah gesandt!« riefen die Frauen. »Hast du noch mehr von diesen Bürsten?«

Jussuf, nicht auf den Kopf gefallen, schüttete seinen Korb aus und verkaufte – eins, zwei, drei – sämtliche Distelbürsten zu einem guten Preis. Von da an zog er Tag für Tag mit seiner Ware in die Berge und wurde mit der Zeit ein wohlhabender Mann.

Der Nachbar aber verlor in kurzer Frist all seine Habe, denn die Disteln auf seinem Feld vermehrten sich in so großer Geschwindigkeit, daß sie seine Felder überwucherten und die Ernten verdarben.

RAIJAN BULBUL UND DIE ROTEN SCHWERTLILIEN

In der alten Stadt Samarkand, im Tal des Serawschan gelegen, lebte einst ein Sänger namens Raijan Bulbul. Er glänzte als Dichter ebenso wie als Musikant. Seine Stimme war so wohlklingend, daß alles in Schweigen versank, sobald er nur seinen Mund öffnete. Und es gab niemanden, der ihm das Wasser hätte reichen können.

Stolz nannte sich Raijan den größten Sänger aller Zeiten. Er trat nur am Hofe des Kalifen auf, wo man ihn mit Geschenken und Ehrungen aller Art überhäufte. So lebte Raijan Bulbul viele Jahre in Reichtum und Glück; der Stern seines Ruhmes schien unvergänglich zu sein.

Eines Tages kam ein junger Fremdling nach Samarkand, zog von Teestube zu Teestube, wo er gegen ein winziges Entgelt Lieder aus seiner Heimat vortrug. Mit seiner jugendfrischen Stimme sang er sich rasch in die Herzen der Leute, auch der Kalif hörte von ihm, und schon bald ließ er ihn in den Palast rufen. Er übergab ihn Raijan Bulbul als dessen Schüler.

Raijan Bulbul behandelte den Jüngling sehr geringschätzig, rümpfte die Nase über ihn, weil er weder die feinen Sitten des Hoflebens beherrschte noch mit seiner, Raijan Bulbuls, Kunstfertigkeit mithalten konnte. Aber kaum war ein Jahr vergangen, da hatte der Schüler alles gelernt, was sein Lehrer ihn zu lehren vermochte.

Immer häufiger verlangte der Kalif an der Stelle Raijan Bulbuls den jungen Sänger zu hören. Da ahnte der Meister, daß sein Schüler ihn früher oder später übertreffen würde, und der Neid vergiftete sein Herz.

Lange dachte er darüber nach, wie er den Jüngling aus dem Weg räumen könnte. Endlich kam er darauf, daß man ihn auf Wanderschaft schicken sollte, und diesen Rat gab er dem Kalifen. Am Hofe des Sultans von Afghanistan, setzte er hinzu, könne aus dem jungen Mann ein wahrer Meister werden. – Im stillen dachte Raijan freilich an die zahllosen Gefahren, die auf solch weiter Reise drohen konnten, er dachte an Sandstürme und an Räuberbanden, an unbekannte Krankheiten und an wilde Tiere.

Der Kalif vertraute Raijan und schickte den Jüngling, mit königlichem Begleitbrief versehen, in die Fremde.

So tückisch Raijan Bulbuls Gedanken auch waren – sie blieben unerfüllt. Der Jüngling gelangte, zwar erst nach beschwerlicher Reise, ins ferne Afghanistan, wo er

beim dortigen Sultan schon bald glänzende Erfolge mit seinem Gesang errang. Der Ruhm des jungen Sängers war in aller Munde, und er drang bis Samarkand.

Der Kalif aus der alten Stadt im Tal des Serawschan hielt die Zeit für gekommen, daß der junge Sänger nach Samarkand zurückkehrte. In einem Brief bat er den Sultan, den jungen Meister ziehen zu lassen, und der willigte, wenn auch schweren Herzens, ein. Einen Gürtel aus purem Gold überreichte er dem Jüngling zum Abschied, und die Frau des Sultans schenkte ihm zur Erinnerung ein Fläschchen, gefüllt mit einem kostbaren Duftwasser.

Nun begab er sich, wie es die Art des Sängers war, zu Fuß auf die Reise. Er zog von Stadt zu Stadt, von Dorf zu Dorf, durchquerte Wüsten und Gebirge, und überall ließ er seine Lieder erklingen. Wo er auch auftrat, jubelte man ihm zu, und die Kunde von seinem Kommen eilte, wie vom Wind getragen, vor ihm her nach Samarkand.

Als aber Raijan Bulbul nun erlebte, wie jedermann freudig und erwartungsvoll von der baldigen Ankunft des Jünglings sprach, wucherte der Neid, gleich einem giftigen Unkraut, erneut in seinem Herzen. Tag und Nacht konnte er an nichts anderes als an die Rückkehr seines Rivalen denken.

Bald wurde seine Unruhe so groß, daß er es in den Mauern der Stadt nicht mehr aushielt. Er verkleidete sich als Derwisch und ging durch jenes Tor hinaus, durch das der Weg von Afghanistan herführte. Er lief weit hinaus, so weit, bis er in ein einsames Tal gelangte.

Hier, zwischen den Felsen, wo weit und breit kein Mensch zu sehen war, wollte er seinen einstigen Schüler erwarten.

Es dauerte nicht lange, da hörte er aus einiger Entfernung die fröhliche Stimme des jungen Sängers. Raijan ließ sich im Schatten der Felsen nieder, breitete, so wie es ein reisender Derwisch bei der Rast tut, sein Gewand aus. Als der Jüngling nun herangekommen war, lud er ihn mit freundlichen Worten zu einer Ruhepause ein. Doch kaum hatte sich der Ankömmling gesetzt, erhob sich Raijan, ergriff einen großen Stein und erschlug den Ahnungslosen. Dann vergrub er den Toten am selben Ort und eilte mit hastigen Schritten zurück in die Stadt.

Am Abend ließ der Kalif Raijan Bulbul zu sich kommen, denn er hatte Gäste, die der Sänger mit seinen Liedern erfreuen sollte. Raijan war zur Stelle, und er sang so kunstvoll und schön, wie er es immer getan hatte. Nach dem ersten Lied unterbrach der Kalif ihn jedoch, schaute im Saal umher und fragte: »Wer ist es, der sich mit diesem unvergleichbaren Duft umgeben hat? Sagt, ist es ein Parfüm oder der Duft einer fremdländischen Blume?«

Als niemand antwortete, erhob sich der Kalif, ging durch den Raum und blieb schließlich vor Raijan stehen. »Du bist es also, mein teurer Sänger. Willst du mir nicht verraten, woher dieser köstliche Duft stammt, der deinen Kleidern entströmt?«

Raijan stockte der Atem, und in seinen Augen zuckte die Flamme der Angst. Jener Duft entstammte natürlich dem Parfümfläschchen, das der junge Sänger in seinem

Gewand getragen hatte; es war bei der grausigen Tat zerbrochen. Das Parfüm hatte die Hände des Mörders benetzt, und dieser Duft war so stark, daß er sich nicht abwaschen ließ.

Nach wenigen Augenblicken hatte sich Raijan gefaßt.

»Mein König, als ich heute im Wald spazierte, fand ich eine seltene Blume. Sie duftete so köstlich, daß ich sie pflückte, um sie dir zu bringen. Unterwegs verlor ich die Blume. Ich ging zurück, um sie zu suchen, aber ich fand keine Spur von ihr. Verzeih das Mißgeschick.«

Der Kalif wunderte sich zwar über diese Geschichte, doch fragte er nicht weiter, und Raijan Bulbul ließ erneut seine Stimme erschallen.

Als der junge Sänger nach vielen Wochen noch immer nicht in Samarkand eingetroffen war, sandte der Kalif dem Sultan von Afghanistan erneut einen Brief.

Der Sultan antwortete, daß der Gesuchte schon längst aufgebrochen sei, daß man aber von seinem Verbleib keine Nachricht habe.

In großer Sorge wartete der Kalif mehrere Monate. Schließlich entschloß er sich, die Strecke nach Afghanistan selbst abzureisen, um dem Vermißten nachzuforschen; zu seinem Gefolge gehörte auch Raijan Bulbul.

Im Laufe des ersten Tages kam der Kalif auch in jenes Tal, in dem Raijan seinen Rivalen ermordet hatte. Dort blühten jetzt viele Schwertlilien zwischen den Felsen; hellblau war die Farbe ihrer Blüten, und sie dufteten schwach.

In der Mitte des Tales angelangt, gab der Kalif, der ein großer Blumenliebhaber war, ein Zeichen, daß alle halten sollten. Er wies auf den Boden und rief: »Schaut nur, ein solches Wunder haben meine Augen niemals gesehen.«

Nun sahen es alle: Der ganze Talgrund war mit hellblauen Lilien übersät. Nur an einer Stelle blühten die Lilien in tiefem Rot. Diese Stelle hob sich klar von ihrer Umgebung ab. Um die Blumen genauer betrachten zu können, sprang der Kalif vom Pferd. Da bemerkte er, daß die roten Lilien einen starken Duft verbreiteten. Und der Geruch weckte, wie es oft geschieht, eine ganz bestimmte Erinnerung: Dem Kalifen fiel jener Abend ein, an dem er in den Augen des Sängers Raijan Bulbul für kurze Zeit die Flamme der Angst gesehen hatte.

»Sind das die Blumen, die du mir pflücken wolltest?« fragte er Raijan, der nur mühsam seine Erregung verbergen konnte.

»Es ist ein unvergleichbarer Duft«, sprach der Kalif. »Ich will ein paar von ihnen ausgraben und in meinem Garten anpflanzen lassen, damit ich mich stets an ihnen erfreuen kann.«

Schon wurden Werkzeuge herbeigeschafft, und einer der Bediensteten machte sich an die Arbeit. Er grub nach den Knollen der Schwertlilie, die ja gewöhnlich nicht sehr tief sitzen.

Da stieß er zur allgemeinen Verwunderung auf Knochen. Als er sie freigelegt hatte, sah man mit Entsetzen ein menschliches Skelett, das noch mit Resten von Kleidung umhüllt war.

Der Kalif befahl, daß man alles genau untersuchen sollte, um herauszufinden, wer der Begrabene sei. Ein goldverzierter Gürtel kam zu Tage und auch etliche Glasscherben, die denselben Duft wie die roten Lilien verbreiteten.

Zunächst konnte sich niemand einen Reim auf die Funde machen. Nur Raijan lief es kalt über den Rücken.

Als der Kalif auf der Innenseite des Gürtels den Namen des jungen Sängers entzifferte, wurde ihm klar, wer der Begrabene war. Wieder mußte er an Raijan Bulbul denken, an sein Verhalten an jenem Abend, als er, der Kalif, ihn nach der Herkunft des unbekannten Duftes gefragt hatte. Da ging dem Kalifen ein Licht auf, und das beleuchtete Dinge, die er lieber niemals erblickt hätte.

»Was weißt du über den Toten?« Streng fragte er seinen Sänger. Der aber schlug die Hände vor sein Gesicht, fiel auf die Knie und rief schluchzend: »Gnade, mein Kalif, Gnade. Ich habe schwere Schuld auf mich geladen. Aus Neid und aus falscher Ehrsucht tötete ich meinen Schüler. Seine Gebeine sind es, die hier liegen.«

Als der Kalif das hörte, sprach er sogleich das Urteil über Raijan Bulbul: Er ließ ihn in Fesseln legen und dem Scharfrichter übergeben. Die Gebeine des jungen Sängers aber wurden feierlich nach Samarkand getragen und in geweihter Erde bestattet. Und die blutroten Schwertlilien, die man in den Königsgarten pflanzte, blühten dort Jahr für Jahr.

Im Laufe von Jahrhunderten sollen aus ihnen all die farbenprächtigen Schwertliliensorten entstanden sein, die heute unsere Augen erfreuen.

DAS GRÜNE WUNDER

Es war einmal ein altes Haus, das hatte einen schweren Kummer.

War sein Dach kaputt? Aber nein, das Dach war mit schönen, grünglasierten Ziegeln gedeckt; wie von einem Regen übergossen glänzten sie. Und auf dem Giebel des Hauses erhob sich ein zierliches Türmchen, in dem eine große Taubenfamilie nistete.

Waren seine Mauern brüchig? Im Gegenteil! Das Haus war fest gebaut, hatte weite Fenster und schöne Balkone. Steinernes Blumengerank zierte Tür- und Fensterbögen. Die schwere Haustür war mit kunstvollen Beschlägen und bunten Glasfenstern geschmückt. Kein Wunder, daß mancher, der das Haus zum ersten

Mal sah, im Vorübergehen sagte: »Sieht es nicht aus wie ein Schloß? Ja, wie ein verwunschenes Schloß.«

Solche Komplimente taten dem alten, etwas vornehmen Haus sehr wohl, und sie besänftigten seinen Kummer für eine Weile. »Wie ein Schloß, wie ein Schloß, wie ein Schloß ...«, ließ es die Worte lange in sich nachklingen.

Groß aber war seine Angst, wenn jemand, der das Haus im Vorübergehen gelobt hatte, näher kam und durch die kunstvolle, aber schadhafte Tür den dunklen Flur des Hauses betrat. Ging der Gast die Treppe hinauf, atmete das Haus erleichtert auf, so daß ein wohltuender Luftzug des Treppenhaus durchwehte. Wandte sich der fremde Besucher aber dem hinteren Ausgang zu, hielt das Haus vor Schreck und Scham den Atem an. Dieser Ausgang führte auf den Hof, und dort konnte jedermann den Grund von des Hauses Kummer sehen.

Ach, sah es hier häßlich aus! Müll und Gerümpel türmten sich in allen Ecken: drei rostige Küchenherde, ein Handwagenwrack, zerfressene Waschmaschinenkartons, vorjährige Weihnachtsbäume ohne Nadeln, dazu großer und kleiner Unrat in jeder Menge. Die übelsten Hof- und Treppenhausgerüche hatten sich hinzugesellt. Und die häßliche, schmutzigrote Backsteinmauer, die den Hof begrenzte, war der Rahmen für dieses Bild, ein passender Rahmen.

Die Sonne, wenn sie früh über die Dächer lugte, erschrak bei diesem Anblick und wanderte so rasch sie konnte zu den anderen Häusern hin. Der Wind, hatte er sich endlich einmal aufgerafft, die üblen Hofgerüche

MATHILDE

fortzublasen, änderte aber auf der Mauerkrone stets seinen Plan. Selbst die Mauersegler mieden diese Mauer, von Amseln, Meisen, Schmetterlingen ganz zu schweigen; man bekam sie in diesem Hof deshalb fast nie zu Gesicht.

Jeder wird verstehen, wie sehr es das alte Haus, das von vorn beinahe wie ein Schloß aussah, im Herzen schmerzte, daß es von hinten so häßlich war. Doch was konnte es gegen seinen Kummer schon unternehmen? Zum Glück war das alte Haus ein wenig mit einem seiner Bewohner befreundet, mit dem kleinen Herrn Elflein. Der wohnte schon seit fünfzig Jahren in der dritten Etage, und er war fast so alt wie das alte Haus. Früher hatte er als Stadtgärtner gearbeitet, jetzt war er Pförtner, bewachte des nachts die Stadtgärtnerei.

Das alte Haus schätzte Herrn Elflein wegen seiner Schuhe, schwarzer Schnürstiefel, die gewiß aus dem vorigen Jahrhundert stammten, doch stets makellos blankgeputzt waren. Es mochte Herrn Elflein aber vor allem, weil man ihm jederzeit sein Herz ausschütten konnte.

»Ach, wenn mir nur jemand meinen Kummer vom Hals schaffen könnte«, seufzte das alte Haus eines Morgens, als der kleine Herr Elflein gerade vom Nachtdienst kam.

Herr Elflein setzte sich auf den Treppenabsatz vor seiner Wohnungstür. »Was in meinen Kräften steht, würde ich gerne tun, verehrte Mathilde. Aber was nur? Was?«

Herr Elflein nannte das alte Haus »Mathilde«, weil dieser Name über der Haustür in großen Buchstaben in

Stein gemeißelt war. Und das alte Haus hörte die vertrauliche Anrede gern.

»Ich habe da eine Idee, mein lieber, lieber Herr Elflein. Sie genießen doch bei sämtlichen Hausbewohnern das beste Ansehen. Nun ja, Sie versorgen alle mit den wundervollen Blumen aus Ihrer Gärtnerei und sind auch sonst ein sehr, sehr netter Mensch. Wenn Sie nun alle Hausbewohner bäten, an meiner Hinterfront ein wenig Hand anzulegen? Ob jemand ablehnte, sich gar weigerte?«

Der kleine Herr Elflein erhob sich und rief: »Warum bin ich nicht schon selbst darauf gekommen!« Und sogleich lief er in seine Wohnung, setzte sich an den Küchentisch, putzte seine Brille und schrieb in steiler Schrift einen entsprechenden Aufruf, den er an die Haustür heftete.

Am nächsten Samstagmorgen stand Herr Elflein mit blauer Gärtnerschürze und blankgeputzten Schuhen auf dem Hof und wartete auf die anderen Hausbewohner. Sie kamen auch. Doch leider nur, um sich zu entschuldigen: Herr Eichelwald wollte mit seinem großen Lastkraftwagen gleich auf eine ganz wichtige Fahrt; Frau Doktor Lindenblüth mußte zu einem arg verschnupften Patienten; Familie Kuchenbusch tapezierte die Speisekammer neu . . . Jeder, jeder im Haus hatte etwas Dringliches zu tun. Und da der kleine Herr Elflein nicht kräftig genug war, allein die schweren Küchenherde und die anderen ausrangierten Dinge fortzuschleppen, setzte er sich traurig auf den Treppenabsatz vor seiner Wohnung.

»Oh, diese jungen Leute«, seufzte das alte Haus enttäuscht. »Wie faul sie doch sind. Wenn ich da an früher denke . . .«

»Das sind sie nicht, bestimmt nicht«, versuchte Herr Elflein zu trösten. »Sie haben ihren Kopf mit anderen Dingen voll. Wir müssen es eben schlauer anstellen, verehrte Mathilde.«

»Aber wie?«

Jeden Morgen, wenn Herr Elflein von der Arbeit kam, setzte er sich fortan eine Weile auf den Treppenabsatz, um das Problem mit dem alten Haus Mathilde zu beraten. Nach genau neun Tagen hatten beide eine brauchbare Idee.

Die Kinder! Ach ja, die Kinder!

In dem Haus lebten außer drei Katzen, zwei Wellensittichen, sieben Tauben und einer ganzen Reihe erwachsener Leute natürlich auch Kinder. Sie hießen Lutz und Utz, Mimmi und Nelli, Trine, Biene und Susanne, sie waren also sieben an der Zahl – wobei Lutz und Mimmi, Utz und Nelli sowie Trine, Biene und Susanne als Geschwister zusammengehörten.

Da in der Umgebung des alten Hauses ein richtiger Spielplatz fehlte, tummelten sich die Kinder meist auf den Treppen der Eckgaststätte »Wartburghof«. Dort gab es wundervolle Fischbrötchen zu kaufen, aber leider wurden die Kinder häufig von den Größeren verjagt. Außerdem war auf der Straße schrecklich viel Verkehr. Gelegentlich spielten sie deshalb auch auf dem Hof hinter ihrem Haus. Sie kochten auf den vorrosteten Herden Walfischflossensuppe mit Bananenklößchen, übten an der Teppichstange den siebenfachen Todessalto oder flogen einfach in dem kaputten Handwagen über die Dächer der Stadt. Eines Tages geschah es aber wirklich, daß die morsche Teppichstange zerbarst. Utz, der gerade den achtfachen Todessalto versuchen wollte, stürzte auf das harte Pflaster, und sein blutender Kopf mußte von Frau Doktor Lindenblüth behandelt werden.

Von da an durfte keines der Kinder mehr auf dem häßlichen Hof spielen. Die Eltern hatten an der Hoftür ein Schild angebracht: »Unfallgefahr! Betreten streng verboten!«

Dies alles hatte der kleine Herr Elflein genau bedacht, als er Mathilde nun seinen neuen Vorschlag unterbreitete.

»Sie wollen also den Müllhof in einen richtigen Kindertummelplatz verwandeln«, fragte diese ungläubig. »Aber wie wollen Sie das anstellen, mein Bester?«

»Ganz einfach! Ich rede mit den Kindern. Sie kennen doch Mimmi, Biene, Lutz . . . Wenn die sich etwas in den Kopf gesetzt haben, liegen sie ihren Eltern so lange in den Ohren, bis diese zur Tat schreiten. Ob sie nun wollen oder nicht!« Herr Elflein rieb sich, von Vorfreude erfüllt, vergnügt die Hände.

Tatsächlich bereitete es ihm keinerlei Schwierigkeiten, die Kinder von seiner Spielhof-Idee zu überzeugen. Sie redeten fortan beim Aufstehen und Schlafengehen davon, beim Frühstück, beim Mittagessen, beim Abendbrot und manchmal sogar im Traum. Feuer und Flamme waren die Kinder. Trotzdem ging Herrn Elfleins Rechnung nicht auf. Die Eltern der Kinder hörten sich zwar alles geduldig an, doch die Funken der Begeisterung verloschen auf ihnen wie auf einer nassen Wiese. »Glaubt mir, Kinder, ich bin mit meinem Lastkraftwagen weit in der Welt herumgekommen und habe manch Sonderbares gesehen«, bekamen Lutz und Mimmi Eichelwald von ihrem Vater zu hören. »Aber ein Tummelplatz auf solch einem häßlichen Hof? – Nein und nochmals nein, das kann es gar nicht geben!«

Frau Dr. Lindenblüth war einem Nervenzusammenbruch nahe, so arg hatten ihr Trine, Biene und Susanne zugesetzt. Doch standhaft wiederholte sie immer wieder: »Diese ungesunde Luft, dieser Mangel an Sonnenschein! Nein und nochmals nein, ein solcher Tummelplatz kommt nicht in Frage!«

Auch Utz und Nelli Kuchenbusch hatten bei ihren Eltern keinen Erfolg. »Wenn ich schon diese kahle Wand sehe!« ereiferte sich Frau Kuchenbusch, und Herr Kuchenbusch fügte hinzu: »Ja, wenn man sie wenigstens mit einem hübschen Blumenmuster tapezieren könnte. Nein und nochmals nein! Schlagt euch diesen Spielplatz aus dem Kopf!«

Natürlich waren die Kinder traurig. Und auch der kleine Herr Elflein war es. Am traurigsten aber war Mathilde. Wer Ohren dafür hatte, konnte nachts im Treppenaufgang ein seltsames Ächzen und Seufzen hören, und der kleine Riß am linken Giebel des alten Hauses wurde in diesen Tagen um mehrere Millimeter breiter.

»Ach, dieser Kummer wird mich noch baufällig machen, lieber Herr Elflein«, klagte das alte Haus. »Das kennt man doch. Wenn erst einmal die Seele ruiniert ist, geht es eins, zwei, drei abwärts. Erst ist bloß eine Dachrinne kaputt, dann hat man eine feuchte Wand, aber schließlich den Schwamm im Leib. Und das alles wegen des Ärgers über mein häßliches Hintenherum.«

Der kleine Herr Elflein saß auf der Treppe und machte ein sehr verzweifeltes Gesicht. »Was sollen wir nun tun? Es müßte ein Wunder geschehen!« sagte er leise. Im selben Moment hellte sich sein Gesicht auf. »Ja, warum eigentlich nicht!«

Was sollte das nun wieder? War der kleine Herr Elflein vor lauter Kummer durchgedreht? Oder hatte er eine neue Idee?

Das Weitere flüsterte er leider so leise, daß nur Mathilde es hören konnte. Wahrscheinlich mußte es noch ein Geheimnis bleiben.

Die Zeit verging, ohne daß im Haus etwas Auffälliges geschah. Im Herbst hantierte Herr Elflein zwar im Hof herum, entfernte am Fuße der Mauer an mehreren Stellen Pflastersteine, stocherte in der Erde herum und steckte kahle Ästlein hinein, aber niemand achtete darauf.

Tage, Wochen, Monate gingen ins Land. Oder waren es Jahre? Jedenfalls nistesten die Tauben noch immer im Türmchen auf dem Dach, und auch die sieben Kinder wohnten noch im Haus, als an einem Sommersonntagvormittag folgendes geschah: Trine Lindenblüth säuberte den Wellensittichkäfig. Da sie aber vergessen hatte, das Küchenfenster zu schließen, nutzte ihr Blaugescheckter die günstige Gelegenheit und flatterte hinaus.

Mehr taumelnd als fliegend gelangte er vom vierten Stockwerk hinunter in den Hof.

Alarm!

So rasch sie konnten, flitzten Trine, Biene und Susanne die Treppe hinab. Das Schild an der Hoftür übersahen sie heute. Mit vereinten Kräften stießen sie die verklemmte Tür auf, sprangen hinaus in den Hof – und wollten kaum ihren Augen trauen.

Was war auf dem Hof geschehen? Der Müll stand zwar immer noch herum, dennoch sah alles wie verwandelt aus. Wo einst die schmutzigrote Ziegelmauer gestanden hatte, war jetzt eine geheimnisvoll rauschende grüne Blätterwand zu sehen. Dunkelgrün glänzendes Efeulaub, rotschimmernde Ranken von Wildem Wein, dazwischen, Hummeln tummelten sich daran, die zartweißen Blütenrispen des Knöterichs.

Schön, so schön war diese grüne Wand! Die Sonne lugte über die Dächer, und weil ihr der Anblick gefiel, schien sie den ganzen Vormittag über dem Hof.

Der Wind sprang über die Mauer, versteckte sich ein Viertelstündchen im grünen Blättergewirr, und weil ihm der Ruheplatz behagte, fegte er zum Dank alle schlechten Gerüche vom Hof.

Auch die Vögel waren gekommen, Sperlinge, Meisen. Sie tschilpten und pfiffen fröhlich, und mitten unter ihnen entdeckten die drei Mädchen Lindenblüth auch ihren blaugescheckten Wellensittich. Aber er war ihnen in diesem Moment gar nicht so wichtig. Sie liefen zum Klingelbrett und läuteten in allen Wohnungen Sturm.

»Kommt, kommt schnell herunter auf den Hof!«

Wie bei einem Feueralarm kamen die Hausbewohner die Treppe herab. Sie sprangen, trippelten, hüpften, humpelten, tapsten – das alte Haus erkannte jeden an seinem Gang.

Auf dem Hof, das kann man sich vorstellen, rissen alle die Augen auf, riefen »Ah!« und »Oh!«, denn keiner, außer Herrn Elflein, hatte das grüne Wunder bisher gesehen.

»Eigentlich doch ein recht ansehnlicher Hof«, meinte Herr Kuchenbusch verblüfft. »Müßte bloß mal ein wenig aufgeräumt werden.«

»Vor allem diese herrliche Luft! Und der Sonnenschein!« staunte Frau Doktor Lindenblüth. »Wir sollten tatsächlich einen Tummelplatz für unsere Kinder einrichten, damit sie nicht mehr auf der Straße spielen müssen.«

»Das war schon immer unsere Meinung, verehrte Nachbarn!« verkündeten Herr und Frau Kuchenbusch wie aus einem Mund. Da faßten sich die sieben Kinder bei den Händen und sprangen freudig herum. Herr Elflein aber wandte sich lächelnd um und zwinkerte Mathilde zu. Das hieß wohl: Na, altes Haus, hab ich zuviel versprochen!

Es dauerte keine vier Wochen, da war aller Unrat vom Hof verschwunden, nur der alte Handwagen und ein verrosteter Kochherd standen noch da. Außerdem hatten Eltern und Kinder gemeinsam gebaut: ein Räuberhaus, eine Schaukel, einen Kletterbaum . . . Und nun konnte das Vergnügen beginnen.

Erst kamen nur die Kinder aus dem alten Haus. Dann kamen auch die Nachbarskinder, schließlich Kinder aus der ganzen Straße. Aber der Hof ist groß genug. Wer selbst einmal mitspielen möchte, der mag nur kommen.

Das alte Haus ist sieben Ampelkreuzungen vom Hauptbahnhof entfernt, unweit der siebenten Bushaltestelle, na, ihr wißt schon, dort bei den sieben Gaslaternen, von denen immer nur zwei brennen.

DAS GESCHENK DES VITZLIPUTZLI

In der Hölle war wieder einmal der Teufel los. Der alte Oberteufel hatte einen schrecklichen Wutanfall.

»Oh, ihr Blindgänger, Blödhammel, Dösköppe . . .«, prasselte seine Rede auf die Zuhörerschaft herab. Er tobte und brüllte, daß die Luft zitterte, und alle Teufel, die sich zur Höllenhauptversammlung eingefunden hatten, zogen erschrocken die Köpfe ein und wagten nicht einmal, sich anzusehen.

Der Grund seines Zornes ist rasch genannt: Seit Wochen, ja seit Monaten schon war den Gehörnten kein Mensch mehr ins Garn gegangen. Anstatt sich von ihnen zu irgendwelchen Dummheiten oder Schlechtigkeiten verführen zu lassen, kehrten die Menschen immer häufiger den Spieß um und legten die Teufel nach Strich und Faden rein.

»Wenn es mit euren Teufeleien nicht schnellstens erfolgreicher wird, sollt ihr mich kennenlernen«, schrie der Oberteufel heiser. »Ist denn keiner unter euch, der etwas Gehirn im Schädel hat? Wir müssen den Menschen endlich wieder zeigen, daß wir die Stärkeren sind. Also, strengt euch gefälligst an! Wer hat eine Idee?«

Die Teufel steckten ihre Köpfe zusammen. Einige überlegten so angestrengt, daß ihre Hörner qualmten. Aber umsonst! Was der eine vorschlug, hatte ein anderer schon ausprobiert und – war damit hereingefallen.

Unter hundert Gehörnten findet sich jedoch gewöhnlich auch ein schlauer Teufel. So trat einer, der den Namen »Vitzliputzli« trug, vor die Versammelten und sprach: »Ich habe in unserem Höllengarten ein liebliches Pflänzlein entdeckt, das heißt Tabak und hat ganz wundervolle Eigenschaften. Trocknet man seine Blätter und verbrennt sie, steigt ein duftender Rauch auf. Wer diesen Rauch tief einatmet, will immer mehr davon, er kann nie genug kriegen. Wer den Rauch aber immer wieder einatmet, bei dem schleichen sich früher oder später sieben mal sieben der gräßlichsten Krankheiten ein, denn in Wirklichkeit ist der Tabakqualm giftig. Was haltet ihr davon, wenn wir den lieben Menschen dieses Pflänzlein schenken?«

»Gar nicht schlecht«, kicherte der alte Oberteufel zufrieden. »Eine wahrhaft teuflische Idee! Aber die Sache hat auch einen Haken: Wie willst du die Menschen dazu bringen, den Qualm einzuatmen? Freiwillig werden sie es doch wohl nicht tun, so dumm sind sie bestimmt nicht. Wahrscheinlich werden sie in ihren klugen Büchern nachlesen, was es mit dem Kräutlein auf sich hat – und uns alle samt deinem Tabak zur Hölle jagen.«

»Das laßt nur meine Sorge sein, verehrter Meister«, antwortete Vitzliputzli und lächelte vielsagend. »Gebt mir ein Pfund Tabaksamen, dazu alles, was ein Teufel für eine große Reise braucht. In einem Jahr sehen wir uns wieder.«

Er ging lange von Stadt zu Stadt, von Dorf zu Dorf, bis er endlich ein Städtchen nach seinem Geschmack gefunden hatte. Hier ließ sich Vitzliputzli nieder. Er kaufte sich am Marktplatz das allervornehmste Haus, dazu ein schönes Stück Land, stellte zahlreiche Bedienstete ein, hielt sich eine goldverzierte Kutsche mit sechs schwarzen Pferden und gab sich in allem den Anschein, ein reicher, geheimnisumwitterter Edelmann zu sein. Mit den Bürgern des Städtchens redete er kaum ein Wort, und ihren Fragen wich er aus.

Von allen Bewohnern waren der reiche Bürgermeister und seine Frau am neugierigsten. Der Bürgermeister war dick wie ein Butterfaß, seine Frau dürr wie eine Zaunstange, ähnlich sahen sich nur ihre langen spitzen Nasen. Mit denen schnüffelten sie für ihr Leben gern in den Angelegenheiten der anderen Leute herum. Es gab kein Geheimnis, ob es nun groß war oder klein, das sie nicht ausspionierten, und deshalb hielten sie sich für die schlauesten Köpfe weit und breit. Allein, der schweigsame, reiche Edelmann mit der goldverzierten Kutsche bereitete ihnen mehr als eine schlaflose Nacht.

Wer mag er nur sein? Woher hat er das viele Geld?« fragte die Frau, die ebenso neugierig und auf Geld versessen war wie ihr Mann. Und der Bürgermeister antwortete: »Warte nur ab! Es müßte ja mit dem Teufel zugehen, wenn wir das nicht herausbekämen.«

Als die Frühlingssonne ihre wärmenden Strahlen über die Erde schickte, ließ Herr Vitzliputzli auf seinem Acker einige Beete herrichten; er selbst kontrollierte die Arbeit der Knechte. Und schließlich streute er – zur Verwunderung aller – höchsteigenhändig den Samen aus. War das ein Getuschel und Getratsche in der Stadt! Was mochte der Fremde da für ein Wunderkraut ausgesät haben? Nun fanden der Bürgermeister und seine Gemahlin erst recht keine Ruhe mehr. Um Herrn Vitzliputzli die sprichwörtlichen Würmer nun endlich aus der Nase ziehen zu können, luden sie ihn in ihr Haus ein, bewirteten ihn und taten sehr freundlich dabei.

So kam es, daß Vitzliputzli bald regelmäßig bei ihnen ein und aus ging. Man plauderte vom Wetter und über Neuigkeiten aus der Stadt. Brachte der Bürgermeister das Gespräch jedoch auf die Beete, so blinzelte Herr Vitzliputzli nur vielsagend, verriet aber kein Sterbenswort.

Dann grünte es in dem Saatbeet, und schon zeigten sich mehrblättrige Pflänzchen. Die Arbeitsleute hatten tüchtig damit zu tun, die Sämlinge auf dem Acker zu verpflanzen, ihr Erdreich locker und von Unkraut frei zu halten. Kein Mensch kannte die seltsame Pflanze, die bald mannshoch aufsproß und karminrote Blüten zeig-

te. Wie Juckpulver plagte es den Bürgermeister, daß er nicht wußte, was es mit den Pflanzen auf sich hatte.

»Bester Freund, spannt mich nicht länger auf die Folter«, drängte er deshalb. »Wollt Ihr uns nicht verraten, was auf Eurem Felde wächst? Kann man von diesen Pflanzen am Ende blanke Goldstücke pflücken? Gar Perlen oder Edelsteine?«

Der Teufel sprach: »Goldstücke zwar nicht, Verehrtester, aber wer diese Pflanzen besitzt, dem wird es an Reichtum künftig nicht fehlen.«

»So verkauft mir das Feld. Ich zahle Euch jeden Preis.«

Mit Vergnügen sah Vitzliputzli, daß der Bürgermeister vor Habgier fast platzte. Darauf hatte er gewartet.

»Wozu verkaufen«, antwortete er. »Geld habe ich genug. Aber wenn ich es mir recht überlege: Ihr seid mein Freund, vielleicht werde ich Euch den Acker schenken.«

»Schenken? Aber Ihr könnt doch nicht einfach . . .«

»Ihr seid doch ein schlauer Kopf, nicht wahr. Wenn Ihr also herausfindet, wie die Pflanzen auf meinem Feld heißen, soll alles Euch gehören.«

Der dicke Bürgermeister wollte seinen Ohren nicht trauen. Und ob er ein Schlaukopf war! Natürlich würde es ihm gelingen, den Namen herauszufinden!

Ehe seine Frau noch begriff, was los war, hatte er schon ein Fäßchen Teer herbeigeschafft und – oh Schreck – die Ärmste vom Kopf bis zu den Füßen mit Teer bestrichen. Sie strampelte und schrie. Vergeblich. Nun riß der Bürgermeister gar noch ein Federbett auf.

Und den ganzen Inhalt schüttete er über seine Frau!

Dann eilte er mit ihr im Sturmschritt hinaus, geradewegs auf Herrn Vitzliputzlis Feld. Dort verbarg sich der Bürgermeister in einer Hecke. Seine Frau, die wie ein dürrer Vogel aussah, hopste zeternd und flügelschlagend zwischen den grünen Stauden umher, sprang nach rechts, stolperte nach links, drehte sich im Kreis herum. . . Welch seltsamer Anblick!

Nicht lange, da kam Herr Vitzliputzli herbeigeeilt. Er durchschaute das Spiel sogleich, doch er war Teufel genug, um listig mitzuspielen.

»Gsch, gsch, du häßlicher Vogel«, rief er aufgebracht, »scher dich aus meinem Tabakfeld!«

Auf dieses Wort hatte der Bürgermeister gelauert! Triumphierend sprang er aus seinem Versteck. »Verloren, verloren, Verehrtester! Tabak heißt also die Wunderpflanze!«

Der Teufel tat recht verdrossen und zerknirscht, so, als müßte er sich das Tabakfeld aus dem Herzen reißen. Doch noch am selben Tag wechselte das Feld den Besitzer, und Vitzliputzli unterwies den Bürgermeister in allem, was man vom Tabak wissen mußte: wann man ihn erntete, wie man ihn trocknete und zerkleinerte, wie man aus ihm Zigarren wickelte und Zigaretten drehte . . .

Eines Tages war es dann soweit: Der Bürgermeister steckte sich die erste Zigarre in den Mund, seine Frau nahm die erste Zigarette, und der Teufel – gab Feuer. Ach, wie vornehm sahen die Bürgermeistersleute nun aus! Und weil sie rauchten, taten es ihnen die Stadträte nach. Weil die Stadträte rauchten, rauchten die Kaufleute . . . Kurzum, wenig später qualmten mit Ausnahme der Kinder alle Bewohner der Stadt, und weil sie ihren Tabak vom Bürgermeister kaufen mußten, wurde der noch reicher, als er zuvor schon gewesen war.

Eine Woche darauf war das gesamte Städtchen in eine gewaltige Rauchwolke gehüllt, und man hörte das Husten und Röcheln der Leute bis vor die Tore.

In der Hölle aber, wohin Vitzliputzli zurückgekehrt war und gerade von seinem Erfolg über die Menschen berichtete, lagen sich die Teufel mit schadenfrohem Gelächter in den Armen.

VOM TRAKTORINENKÖNIG UND VON DER FEE MIT DEN GRÜNGOLDENEN HAAREN

In einem Land, nicht weit von hier, lebte ein junger König namens Alexander, der wurde von allen »Traktorinenkönig« genannt. Das kam daher, daß er ein großer Bastler und Erfinder war und am liebsten Traktorinen konstruierte. Auf allen Straßen seines kleinen Landes konnte man die ungewöhnlichen Gefährte bestaunen: gelbe Posttraktorinen, die Briefe und Zeitungen blitzgeschwind in die Briefkästen beförderten, und orangefarbene Mülltraktorinen, die nicht nur rasch und mühelos die Müllcontainer leerten, sondern aus dem Abfall sogleich alle nutzbaren Stoffe heraussortierten. Des Königs neueste Erfindung waren kunterbunte Pralinentraktorinen. Die rollten gemächlich durch die Straßen und warfen jedem, der Appetit verspürte, eine süße Leckerei direkt in den Mund.

Es versteht sich von selbst, daß auch die Weizenfelder und Zitronenplantagen des Landes mit solchen Maschinen abgeerntet wurden, so daß die Arbeit der Leute leicht war und die reichen Ernten schnell in die Speicher kamen. Die Bewohner des Landes liebten ihren erfindungsreichen und auch gütigen Herrscher über alles. Unter den Nachbarkönigen gab es jedoch nicht wenige, die sich heimlich über Alexander lustig machten. Einige der ausländischen Prinzessinnen waren bei seinem Anblick unlängst sogar in schallendes Gelächter ausgebrochen.

Nun ja, man muß zugeben, daß die äußere Erscheinung des Traktorinenkönigs tatsächlich etwas seltsam anmutete. Er war schmächtig, sah fast wie ein Schuljunge aus. Seine Krone war zerschrammt und verbeult. Er trug Turnschuhe, sein feines Hermelingewand war mit Schmierölflecken versehen, und seine Finger sahen dementsprechend aus. Meist umwehte ihn ein Hauch von Fahrzeuglack und Dieselöl.

Wer nun annimmt, daß das Gekichere der Prinzessinnen unseren jungen König ärgerte oder traurig stimmte, der irrt sich gewaltig, denn Alexander war so mit seiner Arbeit beschäftigt, daß er an Prinzessinnen oder an andere Mädchen kaum denken konnte. Und dachte er doch einmal an sie, so hatte er immer ein ganz bestimmtes Bild vor Augen, ein Bild aus der Erinnerung.

Einmal war er in der Abenddämmerung auf einer neuen Traktorine zu dem kugligen Wäldchen gefahren. Da hörte er plötzlich neben sich ein Lachen, ein Mädchenlachen. Einen Augenblick nur konnte er die heimliche Beifahrerin sehen: blitzende Augen, braungebrannte Arme, ein wirrer Schopf von grüngoldenen Locken – ein Mädchen, wie aus dem Märchenbuch. Dann sprang es ab, verschwand am Waldrand, als hätte es sich aufgelöst. Zurück blieb nur ein Hauch von frühlingsgrünen Pappelblättern, und den konnte Alexander nicht mehr vergessen. Der schönen Unbekannten war er seither nicht mehr begegnet. Nur im Taum sah er gelegentlich ihr Bild.

Eines schönen Tages erschienen die Herrscher des südlichen und des nördlichen Nachbarlandes zu Besuch im Schloß. Alexander lag gerade ölverschmiert unter seiner neuen Aquatraktorine, und sein alter Chefminister mußte sämtliche Überredungskünste aufwenden, um ihn aus der Werkstatt zu locken und auf den Empfang der hohen Gäste vorzubereiten. Man muß nämlich wissen, daß derlei Staatsgeschäfte den jungen König schrecklich langweilten. Deshalb überließ er sie am liebsten seinen Ministern.

Als man dann endlich im Empfangssaal bei Kaffee und einer »Apfeltorte à-la Traktorin« beisammensaß, berichteten die Könige Neuigkeiten aus ihren Ländern.

»Ich habe mir unlängst ein neues Donnerrohr gießen lassen«, begann König Prattabumm, der Herrscher des nördlichen Nachbarlandes. Er sprang auf, beschrieb mit seinem Säbel einen Kreis in der Luft, wobei er fast den kostbaren Kronleuchter von der Decke schlug. »Die größte Kanone der Welt!« rief er dabei aus, und er redete den Rest des Tages von nichts anderem als von diesem Riesengeschütz.

»Wenn Sie etwas wirklich Sensationelles sehen wollen, müssen sie sich in mein Land bemühen«, brüstete sich Baldusan, der südliche König. »Ich besitze nämlich die größte Badewanne der Welt. Von der einen bis zur anderen Seite schwimme ich eine Viertelstunde. Sie hat silberne Brausen, goldene Wasserhähne und einen Stöpsel aus purem . . .«

Die beiden Gäste prahlten so sehr, daß auf der Kaffeetafel die Sahne sauer wurde. Eine Stunde, zwei, drei Stunden lang.

Anfangs verspürte Alexander, der Traktorinenkönig, keinerlei Lust, mit diesen aufgeblasenen Kerlen auch nur ein einziges Wort zu wechseln, und er bohrte, zum Entsetzen seines Chefministers, gelangweilt in der Nase. Aber dann riß ihm der Geduldsfaden; gerade dröhnte draußen eine Schwerlasttraktorine vorüber, die einen mächtigen Brückenpfeiler zu einer Baustelle transportierte.

Alexander rief kurzentschlossen: »Meine Herren, schauen Sie hinaus! Wer kann erraten, was ich aus diesem stählernen Pfeiler bauen werde?«

Prattabumm und Baldusan machten große Augen und zuckten mit den Schultern.

»Dann will ich Ihnen ein Geheimnis verraten: Ich arbeite nämlich an einer Erfindung, die alles bisher Gekannte in den Schatten stellen wird – ich arbeite an der größten Traktorine der Welt! Dieser Stahlpfeiler dort ist nur eine Speiche des kleinen Vorderrades. Kommen Sie

in einem Jahr wieder, verehrte Nachbarn! Ich lade Sie zur ersten Fahrt der Supertraktorine ein.«

»Unglaublich! Kaum zu fassen!« riefen da die Nachbarkönige, und vor Staunen fielen ihnen fast die Augen aus den Köpfen.

Alexander war sehr zufrieden.

Wie man sich denken kann, hatte der Traktorinenkönig bisher nie an eine solche Supertraktorine gedacht. Doch je länger er sich damit beschäftigte, um so besser gefiel ihm der Gedanke.

Also nichts wie ran!

Noch in der gleichen Woche rief er alle seine Freunde in die Werkstatt, Schlosser, Schmiede und wer sonst dazugehörte. Man plante und spante, schmiedete und schmirgelte, feilte und fräste, montierte und lackierte – Alexander Traktorinenkönig bei allen Arbeiten voran. Und noch ehe ein Jahr vergangen war, stand die Traktorine fix und fertig auf dem Schloßhof.

War das ein Gedränge ringsum! Jedermann wollte das Wunderding natürlich sehen. Zitronengelb glänzte der Lack, die Räder waren von der Höhe einer mittleren Scheune, die Stoßstangen so breit, daß sie von der einen zur anderen Seite des Schloßhofes reichten, kurzum – hier stand die größte Traktorine der Welt.

Wieder und wieder mußte der König den begeisterten Zuschauern erklären, wie sie funktionierte. Selbstverständlich war seine neueste Erfindung nicht nur riesig groß, sondern auch riesig gut und nützlich. In einem Tag, so prophezeite er, könne man mit dieser Traktorine das ganze Land bestellen oder abernten.

»Hurra! Hoch lebe unser tüchtiger König!« riefen da die Leute, und alle freuten sich auf die erste Fahrt.

Immer, wenn der Traktorinenkönig in besonders glücklicher Stimmung war, stieg er auf den höchsten Turm des Schlosses, um sich die Welt von oben zu besehen. Das tat er auch an diesem Tag.

Vom Turm war sein Land mit wenigen Blicken zu erfassen. Im Süden sanft gewellt, mit kunterbunten Feldern, kleinen Gehölzgruppen und dunklen Waldstreifen, im Norden hügelig, bestückt auch mit drei blauen Bergen, so zog sich das Land recht hübsch bis zum Horizont.

Wen wundert es, daß sein Blick an dem kugligen Wäldchen im Süden ein wenig länger hängenblieb, denn er sah einen Moment lang das märchenschöne Mädchen vor sich und spürte den Pappelduft in seiner Nase . . .

Kaum war sein Blick zur Supertraktorine auf dem Schloßhof weitergewandert, verschwand alle Freude aus seinem Gesicht. Erschrocken starrte Alexander auf den Hof hinab. Was war das? O nein, das konnte doch nicht sein! Nach drei Seiten hin war der Hof von Gebäuden umgeben, an der vierten Seite mündete er in eine von mächtigen Kastanien gesäumten Allee. Und die war viel zu eng für seine Supertraktorine. Aber auch die Pappeln an den Landstraßen, die Kirsch- und Pfirsichbäume an den Feldrainen, die Wäldchen, die Gehölze – alles, alles stand der Riesentraktorine im Weg. Wie Schuppen fiel es unserem König von den Augen, daß sein Land eigentlich nur ein etwas groß geratener Garten war. Keine zehn Meter weit würde die neue Traktorine fahren können. Was nun? In einer Woche schon kamen Prattabumm und Baldusan auf Staatsbesuch! Vor Wut und Verzweiflung wußte Alexander weder aus noch ein.

Am selben Abend versammelten sich sämtliche Minister und Ratgeber im großen Sitzungssaal, um einen Ausweg aus der vertrackten Situation zu suchen.

»Die Supertraktorine muß fahren! Koste es, was es wolle!« rief der alte Chefminister aus. »Sonst machen wir uns vor den Nachbarn zum Gespött. Ich bitte um Vorschläge, meine Herren!«

»Tja, wenn die Traktorine fliegen könnte . . .«, seufzte einer der Minister. »Oder wenn sie sich unterirdisch fortbewegen könnte«, warf ein anderer ein. Die übrigen kratzten sich nachdenklich die Köpfe und schwiegen.

»Wie ich sehe, ist der Rat wieder mal ratlos«, sagte der Chefminister. »Aber zum Glück hat unser verehrter König ja noch mich. Sehen Sie, meine Herren, so schwierig ist die Sache doch gar nicht. Stehen der Traktorine etwa Felsen oder Hochhäuser im Weg? Nein! Es sind nur all die dummen Stachelbeerbäume, Knollenblättersträucher oder wie das ganze Grünzeug sonst heißen mag; vieles von dem ist übrigens ohnehin morsch, und irgendwann müßte es gerodet werden. Was also liegt näher, als das jetzt gleich zu tun? Stellen Sie sich vor, das ganze Land sei ein großes glattes Feld, so wie es die Supertraktorine braucht! Wir könnten viel mehr ernten als bisher. Und die paar Äpfel, Pfirsiche und Tannenzapfen, die uns fehlen werden, führen wir einfach aus dem Ausland ein.«

Ein Raunen der Erleichterung ging durch den Saal, nachdem der Chefminister seine Rede beendet hatte. Welch praktischer Einfall! Nur die alte Gertrude murmelte etwas von »Unfug« und »Unverstand« vor sich hin. Aber sie war nur die Putzfrau, die gerade die überquellenden Aschenbecher leerte, und man schob sie einfach hinaus.

Die Glatze des Chefministers glühte vor Eifer, als er wenig später zu Alexander kam, um ihm seine Idee zu unterbreiten. Der Traktorinenkönig saß kippelnd auf seinem Thronsessel, die Krone nachdenklich in die Stirn geschoben.

»Ich weiß nicht recht. Kein Kastanienbaum mehr am Straßenrand? Kein Holunderbusch am Wiesenrain? Was sollen die Kinder dann tun? Ihr wißt doch, wie gerne sie in den Bäumen klettern.«

»Aber Majestät, das ist doch für einen tüchtigen Erfinder, wie Ihr es seid, kein ernsthaftes Problem«, beruhigte ihn der Chefminister. »Ihr baut ein paar nette Klettertraktorinen und Rutschbahnen mit tollen Kurven. Wozu Bäume? Wir leben im Zeitalter der Traktorinen!«

Der Chefminister redete und redete. Alexander hatte die Augen geschlossen, um besser nachdenken zu können. Da spürte er wieder den Pappelduft in seiner Nähe und sah auch das Mädchen vor sich. Wie seltsam, es ging durch den Raum, und überall schlug junges Grün aus dem Holz. Aus Alexanders Thronsessel wuchsen frische Fichtenzweige, aus seinem Zepter wuchs zartes Eichenlaub. Auch der Schrank und die Tür grünten munter drauflos . . . Dann vernahm Alexander wieder die Stimme seines Chefministers: »Und denkt auch an die Traktorinenfahrer, Majestät! Wie viele sind schon im Krankenhaus gelandet, weil ihnen ein Baum im Wege stand. Keine Bäume mehr – weniger Unfälle! Das ist doch eine feine Sache, Majestät.«

Was der Minister sagte, leuchtete Alexander ein. Obwohl ihm die ganze Sache irgendwie unheimlich war. Doch dann mußte er an seine Nachbarn denken. Sollte er sich vor denen etwa blamieren?

»Nun gut«, sprach Alexander schließlich. »Wenn es nicht anders geht, müssen wir die Bäume fällen.«

Es dauerte nicht lange, da war das kleine Land vom Kreischen der Sägen, vom Kläffen der Äxte und vom Ächzen der umstürzenden Bäume erfüllt. Da es nur zwei Holzfäller gab, hatte man auch alle Soldaten, Polizisten und Feuerwehrleute mit Werkzeug ausgerüstet. Der Vizegeneral, der die Aktion leitete, fuhr auf seiner gepanzerten Militärtraktorine landauf, landab und achtete scharf darauf, daß auch nicht das kleinste Kiefernbäumlein stehenblieb.

Am ersten Tag kamen die alten Kastanien am Schloß an die Reihe, dann die Pappeln und Lindenbäume, Rotdorn- und Holundersträucher und so weiter.

Sechs Tage später fiel im Traktorinenland der allerletzte Baum.

Der Vizegeneral wies stolz aus dem Fenster: »Ideale Traktorinenlandschaft, nicht wahr, Majestät!«

Alexander öffnete das Fenster und sah hinaus. Kahl und leergefegt wie eine ausgeräumte Wohnung war das

Land. Und diese Stille! Kein Blatt rauschte, kein Vogel sang. Es war so still, daß man Kopfschmerzen davon bekommen konnte. Welch Glück, daß schon am nächsten Tag die große Fahrt der Supertraktorine bevorstand.

Es wurde ein Feiertag, wie er im Buche steht. Von überall strömten die Leute herbei, denn niemand wollte sich das Ereignis entgehen lassen. Endlich trafen auch König Prattabumm und König Baldusan, die lieben Gäste, ein. Die Fahrt konnte beginnen.

Schwarze Rauchwolken knallten aus dem Auspuffrohr in den blauen Frühlingshimmel. Langsam setzte sich das riesige Gefährt in Bewegung.

Hoch oben hinterm Lenkrad saß freudestrahlend der Traktorinenkönig, und alle winkten ihm fröhlich zu. Schneller und schneller wurde die Traktorine. Schon hatte sie das freie Feld erreicht und zog mit fünfzig Meilenkilometern donnernd ihre Bahnen. Dabei pflügte und eggte sie und säte danach Weizen, Hirse und Mais.

»Nun, hochverehrte Majestäten, was sagen Sie dazu?« fragte der Chefminister die königlichen Gäste. Prattabumm und Baldusan sagten kein einziges Wort, doch aus ihren Augen blitzte grüngelb der Neid.

Es war einfach märchenhaft: Als Alexander am Nachmittag mit der Traktorine zum Schloßplatz zurückkehrte, war das ganze Land mit der Frühjahrssaat bestellt. Der Jubel kannte keine Grenzen. Auch Alexander war in bester Stimmung und gab sogleich ein großes Fest mit Feuerwerk und mit roter Limonade. Dann verkündete er ein neues Gesetz: Weil nun die Supertraktorine die

Arbeit erledigte, sollte jedermann im Traktorinenland fortan ein halbes Jahr lang Ferien machen dürfen!

Tage darauf berichteten alle Zeitungen von diesem Ereignis und zeigten König Alexanders Bild. Nun wagte niemand mehr, den berühmten Traktorinenkönig zu verspotten.

So bot das kleine Land zunächst ein Bild vollkommener Zufriedenheit. Doch leider war das Glück nicht von Dauer.

Es kam die Zeit, da sonst die Zugvögel von ihrer Winterreise zurückkehrten und den Frühling mit ihrem Gesang verschönten. Die Vögel kamen auch, doch kreisten sie nur unschlüssig über dem kahlen Land, um dann in großen Schwärmen fortzufliegen. Von den eilig aufgestellten stählernen Nistbäumen mit Drahtnestern und Futterautomaten nahmen sie keinerlei Notiz. Nicht ein einziger Vogel blieb.

»Was ist ein Frühling ohne Starenpfeifen und Schwalbengezwirr?« beschwerten sich die Traktorinier.

»Kein Problem für unseren König, liebe Leute«, beruhigte sie der Chefminister.

Und Alexander Traktorinenkönig, nicht faul, baute rasch einige Beschallungstraktorinen. Jeden Morgen, jeden Abend erklang aus deren Lautsprechern drei Stunden lang Vogelgesang vom Tonband. Und da es sich um Stereosendungen handelte und sogar die Stimmen sehr seltener afrikanischer Vögel zu hören waren, lobte man des Königs kluge Idee.

Warm schien die Frühlingssonne und lockte zum Spazierengehen und Wandern. Sonst hatten um diese

Zeit die Bäume wundervoll geblüht, geduftet. Aber nun?

»Was ist ein Frühling ohne blühende Bäume?« klagten die Leute. »Nun haben wir zwar herrlich lange Ferien, aber was sollen wir mit all der Zeit anfangen?«

Auch dies war für Alexander und seinen Chefminister kein unlösbares Problem. »Blütenwunder aus aller Welt« hieß die Fernsehserie, die fortan dreimal wöchentlich über die Bildschirme flimmerte. Da die Leute neben den heimischen Bäumen nun auch blühende Affenbrotbäume und andere Spezialitäten frei Haus geliefert bekamen, waren sie zufrieden.

Als aber der Sommer Einzug hielt, geschahen Dinge, die unserem Traktorinenkönig die Haare zu Berge stehen ließen. Erst kam eine schlimme Ungezieferplage, rote Wanzen, schwarze Mücken, graue Läuse, gegen die kein Kraut gewachsen war. Und kurz darauf begann eine große Trockenheit. Das Getreide wurde braun, und tiefe Risse durchzogen die Erde. Auf dem Grund der ausgetrockneten Bäche und Seen lagen die toten Fische. Kein Regen fiel. Aus den Wasserleitungshähnen rannen nur noch müde Rinnsale. Es sah traurig aus im Traktorinenland. Stundenlang saß Alexander mit den Ministern und Ratgebern zusammen, sieben Professoren für Wasserwirtschaft wurden befragt. Aber keiner wußte Abhilfe.

»Ihr könntet versuchen, eine Hydrotraktorine, die aus Eierkohlen Wasser macht, zu bauen«, schlug der Chefminister vor.

»Versuch macht klug«, sagte sich der Traktorinenkönig und konstruierte solch ein Ding. Obwohl die Hydrotraktorine sehr gut aussah und alles bestens durchdacht war, kam statt frischen Wassers nur eine ölige, stinkende Brühe aus ihr heraus.

Guter Rat war wieder einmal teuer. Welch ein Glück, daß die alte Putzfrau Gertrude in diesem Moment mit ihrem Staubwedel im Sitzungssaal erschien.

»Wenn ich mich recht besinne, Majestät, hatten wir zur Zeit Eures verehrten Großvaters eine ähnliche Trockenheit. Damals war irgendwas mit dem Wassermann nicht in Ordnung gewesen.«

Alle sahen die alte Frau verwundert an.

»Was für ein Wassermann?« wollte Alexander wissen.

»Na, der Wassermann eben! Kennt Ihr ihn etwa nicht? Er sorgt seit altersher für unsere Brunnen, Bäche, Wasserleitungen. . .«

»Wenn es so ist«, fiel ihr der Chefminister ins Wort, »sollten wir uns diesen alten Wassergeist mal vorknöpfen, nicht wahr, Majestät!«

»Nichts wie ran!« ergänzte der Vizegeneral eifrig. »Fünfzig Soldaten, fünf Kanonen, Wassermann umzingeln, Hände hoch, ratz-batz – eine Kleinigkeit für mich!«

»Aber wo ist dieser Wassermann zu finden, liebe Gertrude?« wollte der König wissen.

»Oh, das ist schwieriger, als Ihr euch vorstellen könnt. Irgendwo bei der Einhügelquelle soll das eiserne Tor zu seinem unterirdischen Aufenthalt sein. Wer den Eingang findet, ist aber längst nicht am Ziel. Denn erst kommt man in eine Höhle voller gefährlicher Strudel, dann folgt die Glitschgrotte und schließlich das allergefährlichste: die Nadelsteinhöhle. So jedenfalls hat man es früher erzählt.«

Während der Worte der alten Frau waren der Chefminister, der Vizegeneral und auch die übrigen Ratgeber angstbleich bis in die Nasenspitze geworden.

»Nun? Wer sucht den Wassermann auf?« fragte der Traktorinenkönig und schaute sich in der Runde um.

»Tut mir sehr leid, Majestät, aber mir fällt gerade ein, daß ja sämtliche Militärtraktorinen wegen Kühlwassermangel stillstehen. Und einen solchen weiten Weg zu Fuß...? Unmöglich!« stotterte der Vizegeneral.

»Wie gerne hätte ich diesen Wassermann persönlich auf Trab gebracht. Aber ich muß ja dringend den statistischen Halbjahresbericht vollenden, Majestät«, entschuldigte sich auch der Chefminister.

»Nun gut, dann muß sich der König eben selbst auf den Weg machen!« rief Alexander trotzig. Er zog neue Turnschuhe an, schmierte sich in der Schloßküche ein Paket Stullen und nahm auch seine Wasserration für sieben Tage mit. Dann ging er los.

Der Marsch zur Einhügelquelle fiel unserem Traktorinenkönig recht schwer, da er sonst jeden Schritt mit einer Traktorine gefahren war. Außerdem brannte die Sonne unerbittlich vom Himmel, und alles war voller Staub. Aber Alexander biß die Zähne zusammen, lief einen Tag und eine Nacht und noch geraume Zeit immer der Nase nach durch das öde Land. Dann stand er endlich an der Quelle, die freilich schon lange kein Wasser mehr spendete, und er fand das eiserne Tor, von dem die alte Gertrude gesprochen hatte.

Das Tor war nur angelehnt, und Alexander blickte in eine tiefe, finstere Höhle, Er tastete sich hinein und kam anfangs gut voran. Dort, wo sich sonst die wilden unterirdischen Wasserstrudel ihren Weg bahnten, war nämlich nur ein träges Tröpfeln zu vernehmen, auch hier fehlte das Wasser.

Vorsichtigen Schrittes bewegte er sich durch die Finsternis. Aber plötzlich glitten ihm die Füße unterm Körper weg, er schlug hin und rutschte auf dem glitschigen Fels kopfüber, kopfunter einen gewundenen Kanal hinab. Hu, das mußte die Glitschgrotte sein! Da war kein Halten, bis er, mit zahlreichen Beulen und Schrammen versehen, irgendwo in der Tiefe landete. Hier herrschte dämmriges Licht, und Alexanders Augen bot sich ein seltsames Bild: Boden und Decke der Höhle waren dicht mit steinernen Gebilden, die wie nadelspitze Eiszapfen aussahen, bedeckt.

Ausgeschlossen, auf diesem Nadelteppich auch nur einen einzigen Schritt zu gehen. Alexander versuchte, eine der Spitzen abzubrechen, vergeblich, sie waren fest wie Eisen. Was nun? Er konnte nicht vorwärts; auch der Rückzug durch die Glitschgrotte war unpassierbar.

Mehr um sich Mut zu machen, summte Alexander ein Lied. Dabei bemerkte er, daß die steinernen Zapfen einen ganz bestimmten Ton seines Liedes wiedergaben. Da kam ihm ein kluger Gedanke, und rasch hatte er diesen Ton herausgefunden. Schon begannen die Steinzapfen zu summen und zu schwingen, und je länger er den

Ton aushielt, um so stärker wurden die Schwingungen. Jetzt splitterte es hier und da. Alexander sang, bis das letzte Quentchen Luft ausgeatmet war. Und siehe da, die nadelspitzen Hindernisse zerfielen zu feinem Sand, und der Weg war frei. Bald stand Alexander in einer Höhle, an deren Wänden zahllose Röhren, Hähne und Schieber zu sehen waren. Auf einem Korbsessel in der Ecke saß der Wassermann und schlief. Dabei schnarchte er laut, und bei jedem Atemzug fiel ein Wassertropfen aus seinem Bart.

Alexander mußte den Alten tüchtig schütteln, eh' er die Augen aufschlug.

»Was willst du hier?« brummte der Wassermann schlaftrunken. Und als er richtig aufgewacht war, fragte er: »Wer bist du überhaupt?«

»Ich bin Alexander, der Traktorinenkönig. Ich möchte dich höflich bitten, etwas mehr Wasser in mein Land zu schicken. Wir sitzen förmlich auf dem Trockenen, und wenn nicht bald etwas geschieht. . .«

»Hör auf, schweig still und rede nicht vom Wasser«, rief da der Alte mit schmerzverzerrtem Gesicht. »Ich kann es nicht mehr hören.«

»Aber du bist der Wassermann. Du kannst uns doch nicht verdursten lassen!«

»Ach, junger Freund, ich war ein Wassermann, wie es keinen zweiten gab . . . Doch seit im Frühling Annalinde fortgelaufen ist, steht es schlecht um mich. Rheuma und Hexenschuß zwicken und plagen mich.«

»Wer ist denn diese Annalinde?« erkundigte sich Alexander.

»Wie, die kennst du nicht? Sie ist die Grünfee deines Landes, eine Tochter wie ein Engel. Mit ihren Kräutern vertrieb sie mir das Rheuma, mit ihren warmen Händen massierte sie den Hexenschuß aus meinem Rücken. – Doch vor einigen Wochen ist meine Annalinde urplötzlich verschwunden. Ich bin so hilflos ohne sie, steif sind meine Arme, steif ist auch mein Rücken. Wie gern würde ich das Wasser sprudeln lassen, doch ich kann nicht mehr.«

Der Alte stöhnte und ächzte, daß es zum Herzerweichen war.

Na, das war eine schöne Bescherung.

»Vielleicht sollte ich dir einen guten Arzt schicken?« schlug Alexander vor.

Aber er schüttelte den Kopf. »Mir kann nur Annalinde helfen. Bring sie her, dann werden auch die Brunnen wieder fließen.«

»Ich will es versuchen«, antwortete der Traktorinenkönig. »Aber sage mir, wo ich sie finden kann.«

Der Alte richtete sich auf und kam ganz dicht an Alexanders Ohr heran. »Es ist ganz einfach – sie ist immer dort, wo es am schönsten grünt und blüht. Viel Glück auf den Weg!«

Bei diesen Worten gab der Wassermann unserem Traktorinenkönig einen leichten Schlag auf die Schulter, und ehe er sich versehen hatte, befand sich Alexander wieder oben an der Einhügelquelle. Erfreut stellte er fest, daß ihm der Alte seine Trinkflasche mit frischem Wasser gefüllt hatte.

Nach Ost und Süd und West führte ihn nun sein beschwerlicher Weg. Das Land glühte vor Hitze, und Alexander mußte wehmütig daran denken, wie angenehm es um diese Jahreszeit früher im kühlenden Schatten der Bäume gewesen war.

Wo ihm Menschen begegneten, hörte sich der König geduldig ihre Klagen an und teilte sein Wasser mit ihnen. So lief er Tage um Tage. Längst waren seine Turnschuhe von den steinigen Wegen zerfetzt, schmutzbedeckt die Kleidung, und der Staub knirschte ihm zwischen den Zähnen. Doch nirgendwo grünte und blühte es. Von der Grünfee Annalinde keine Spur.

Schließlich kam er in die nördlichen Berge, wo es wenigstens Stachelgras und Disteln gab, wo hier und da Kakteen blühten.

»Hee – hoo, Grünfee!« rief Alexander immer wieder so laut er konnte, doch nur das Echo antwortete ihm. Einmal spürte er jedoch jenen wohlbekannten Pappelduft in der Nase . . . Was war das? Überrascht fuhr er herum. Und wahrhaftig! Keine zwei Schritte entfernt, auf einem Stein, saß das Mädchen mit dem grüngoldenen Lockenschopf. Viel schöner noch, als er es in Erinnerung hatte.

»Warum schreist du so?« fragte das Mädchen spöttisch. »Denkst du, die Grünfee ist schwerhörig?«

»Ich möchte . . . äh, ich wollte«, stammelte Alexander. Doch vor Freude und Überraschung jagte ihm das Blut so wild durch den Kopf, daß er keinen klaren Gedanken fassen konnte. »Du also bist Annalinde . . .?«

»Ja, ich bin die Grünfee deines Landes. Im Februar weckte ich die Schneeglöckchen aus ihrer Winterruhe.

Sie weckten dann mit leisem Klang den Seidelbast, der Seidelbast den Haselstrauch – und so begann der Frühling und mit ihm das Jahr. Stach mir in der Stadt eine kahle Hauswand ins Auge, überzog ich sie ganz still mit einem dunkelgrünen Efeuteppich. Und war ich besonders glücklich oder traurig, dann kam es vor, daß ich aus trockenem Holz was Grünes sprießen ließ . . .«

Bei diesen Worten seufzte die schöne Fee und sah mit einem Mal sehr traurig aus.

»Aber warum sitzt du hier in diesen öden Bergen?« wollte Alexander wissen. »Dein Vater ist krank, er wartet auf dich.«

Die Grünfee sprang von ihrem Stein. »Das fragst ausgerechnet du, der Traktorinenkönig? Denkst du, ich bin aus Spaß fortgelaufen? Alle Bäume, Sträucher, Blumen habt Ihr mir genommen. Ach, Alexander, wie kann ein so kluger, kluger König nur so dumm sein!«

Oje, das war eine Kopfwäsche, wie sie unser Traktorinenkönig sein Lebtag noch nicht bekommen hatte. Aber die Worte der Fee taten ihm gut, brachten seine Gedanken in Bewegung. Wie ein Karussell drehte es sich in seinem Kopf: Weil die Supertraktorine fahren sollte, waren die Bäume gefällt worden; weil die Bäume fehlten, war die Grünfee geflohen; weil die Grünfee fortgegangen war, wurde der alte Wassermann krank; weil er krank war, kam die schreckliche Trockenheit über das Land . . .

Wie bei einer Kette zog ein Glied das andere nach sich. Alexander seufzte. Warum hatte er immer nur an seine Traktorinen gedacht?

So schwer es ihm auch fiel, er nahm jetzt all seinen Mut zusammen, schaute Annalinde in die wunderschönen braunen Augen und sprach: »Ja, ich habe einen schlimmen Fehler gemacht. Aber alles muß wieder gut werden. Bitte, komm zurück, liebe Annalinde! Wir alle brauchen dich. Und ganz besonders ich.«

Da lächelte die Fee einen Augenblick lang. Aber dann wurde sie wieder traurig. »So gern ich es auch möchte, ich kann nicht in dein Land zurückkehren, Alexander. Nur wo die Erde grünt und blüht, darf eine Grünfee leben. Das ist ein uraltes Gesetz.«

»Bitte, versuche es! Gemeinsam schaffen wir es sicher.«

Die Fee schüttelte den Kopf und schaute ihn prüfend an. »Eine Möglichkeit gibt es vielleicht. Kannst du Bäume pflanzen, Alexander Traktorinenkönig?«

Er nickte verwundert. Da reichte ihm die Fee zwei Bündel winziger Bäume, in Leinen eingeschlagen, und sie sprach: »Das ist alles, was ich vor euren Äxten retten konnte. Es sind nur Sämlinge, ein paar von jeder Art. Sie brauchen dringend Erde, Wasser und viele Hände, die sie pflegen.«

Als Alexander die Bündel in den Händen hielt, fühlte er sich erleichtert. »Wir werden es schaffen, Annalinde, ganz bestimmt!«

»Viel Glück, Alexander«, sagte die Fee zum Abschied. »Auf Wiedersehen.«

Weit war der Weg zurück ins Schloß, und der Traktorinenkönig hatte genug Zeit zum Nachdenken. Wie staunten die Leute über sein Aussehen, als er endlich in der Hauptstadt eintraf. Ein dunkler Bart war ihm gewachsen, Sonne und Wind hatten seine Haut gegerbt. Und war er nicht auch viel größer geworden und breiter in den Schultern?

Unverzüglich ließ er alle Traktorinier auf dem Schloßplatz zusammenkommen. Er berichtete von der Krankheit des Wassermanns, von der Grünfee Annalinde – von allem, was er erfahren hatte. Und schon am nächsten Morgen begann die große Arbeit. Ein jeder – Mann, Frau oder Kind – bekam einen Sämling, den er pflanzen und pflegen durfte. Obwohl pro Person und Tag nur noch ein halber Eimer Wasser ausgeteilt wurde, gab jeder die Hälfte für seinen Baum.

Alle arbeiteten tüchtig mit, natürlich auch der Traktorinenkönig. Bloß der Chefminister und der Vizegeneral wollten sich anfangs drücken. Aber da hättet ihr Alexander hören sollen!

Es kam der Herbst, es kam der Winter, schließlich kam der Frühling.

Wie freuten sich die Leute, als die Knospen der winzigen Bäume und Sträucher dick wurden und endlich aufsprangen. Würde nun auch die Grünfee wiederkehren? Würde der Wassermann bald wieder gesund?

Und dann geschah es. Alexander werkelte gerade in der Traktorinenwerkstatt, als er den lieblichen Pappelduft bemerkte. Wer kann seine Freude beschreiben! Da stand Annalinde und schaute neugierig auf seine Arbeit.

»Was baust du?« fragte sie. »Doch nicht schon wieder eine . . .«

»Oh, doch, eine Traktorine«, antwortete Alexander

lachend. »Du wirst staunen – eine Baumpflanztraktorine.«

Da stimmte die Grünfee in sein Lachen ein und half ihm bis zum Abend bei der Arbeit. Als die Sonne unterging, faßten sich die beiden bei der Hand und gingen hinaus ins Freie. Am Himmel zogen rote Wolken dahin, und auf dem Schloßturm begann ein Amselhahn, sein Lied zu singen.

INHALT

Märchen und Sagen
IM
POSTREITER-VERLAG HALLE

Bereits erschienen:

Dietmar Beetz, *Der fliegende Löwe*
und andere Märchen der Nama
Mit Illustrationen von Karl-Heinz Appelmann
199 Seiten · DDR 5,00 M
Bestell-Nr. 788 658 2 · ISBN 3-7421-0068-8
35 märchenhafte Geschichten des südafrikanischen Volkes der Nama hat Dietmar Beetz nach alten Quellen neu erzählt.

Wally Eichhorn-Nelson, *Der gläserne Krug*
Sagen und Märchen aus dem Thüringer Wald
Mit Illustrationen von Dagmar Kunze
177 Seiten · DDR 7,90 M
Bestell-Nr. 788 659 0 · ISBN 3-7421-0059-6
Von armen Bergleuten und hilfreichen Zwergen, von Waldfeen und von Waldgeistern, aber auch von plündernden Rittern kann man in diesem Sagen- und Märchenland lesen.

Alexander Jesch, *Die Forellenkönigin*
Sagen und Märchen aus dem Vogtland
Mit Illustrationen von Hermann Vogel
136 Seiten · DDR 5,60 M
Bestell-Nr. 788 671 8 · ISBN 3-7421-0147-1
Schon in uralter Zeit erzählte man sich in dem einst armen Vogtland Sagen und Märchen von Wassergeistern, Waldmännchen und von den Moosweiblein, von Hexen und vom Wilden Jäger. 15 solcher Sagen und Märchen wurden für diesen Band neu erzählt.

In Vorbereitung:

Albert Burkhardt, *Das Riesenschiff*
Sagen, Märchen und Geschichten aus Mecklenburg
Mit Illustrationen von Werner Schinko
204 Seiten · DDR 7,90 M
Bestell-Nr. 788 684 9 · ISBN 3-7421-0225-7

Christel Foerster, *Berliner Sagen*
Geschichten und Schnurren
Mit Illustrationen nach alten Abbildungen
Bestell-Nr. 788 668 9 · ISBN 3-7421-0145-5

Manfred Lemmer, *Der Saalaffe*
Sagen aus Halle und Umgebung
Mit Illustrationen von Dieter Gilfert
Bestell-Nr. 788 686 5 · ISBN 3-7421-0284-2

Heinrich Seidel, *Prinzessin Zitrinchen*
und andere Märchen
Mit Illustrationen von Dagmar Schwintowsky
2. Auflage · 125 Seiten · DDR 5,20 M
Bestell-Nr. 788 666 2 · ISBN 3-7421-0162-5
Diese Sammlung enthält sieben der schönsten Märchen des humorvollen Dichters Heinrich Seidel (1842–1906), der vor allem durch seinen Roman »Leberecht Hühnchen« bekannt geworden ist.

Maria Wandelt, *Liebe kleine Ratte*
Märchen
Mit Illustrationen von Harry Jürgens
Bestell-Nr. 788 688 1 · ISBN 3-7421-0286-9
Übergreifendes Thema dieser neu erzählten Märchen aus aller Welt ist die Liebe.